キーワードキャリア教育

生涯にわたる生き方教育の理解と実践

小泉令三・古川雅文・西山久子 編著

北大路書房

キーワードキャリア教育

生涯にわたる生き方教育の理解と実践

小泉令三・古川雅文・西山久子 編著

北大路書房

はじめに

　本書は，キャリア教育の主要概念を理解できるようにするとともに，青年期までを一応の中心としつつも，生涯発達の視点から各発達段階におけるキャリア教育の推進に必要となる事項等を提供することを目的としている。対象の読者は，教員免許取得希望者だけでなく，学校等で実際にキャリア教育推進を担っている教員や，また生涯の各発達段階におけるキャリア教育担当者である。

　本書の特徴は，まず書名にもあるように，キーワードを明確にして，読者に何が重要な事項や概念あるいは人名なのかを明確に示した点である。ともすると，聞き慣れない用語であるから重要であると勘違いしたり，逆に他の領域で使い慣れていたり日常生活で使用している言葉であるために，あまり注目されないことがある。そのようなことにならないように，キャリア教育の理解と実践の推進に役立つことをねらいとして，キーワードを側注に明示してある。編集作業においては，まず3人の編者でキーワードをあげて整理した後，取り扱う章を決め，各章の執筆者に依頼をするという手順を取った。そして今度は，執筆された原稿をもとにキーワードの確認を行うとともに，新たにキーワードを加えたりして充実を図った。それらの中には，複数の章で取り扱われているキーワードも多いので，用いられる文脈を理解するには，索引を利用していただきたい。

　本書の第2の特徴は，当然のことであるが，できるだけ最新の状況を踏まえた内容となるようにした点である。キャリア教育は，従来は生徒指導等のテキストの一部で扱われているだけで，専門家や研究者を対象とした書籍を除いて，キャリア教育のみを扱った本はほとんど出版されていない。こうした状況の中で，今回，本書の出版が計画されたのは，第1章にも示したように，教育界においてキャリア教育の重要性が，近年非常に高まってきたためである。これは，社会状況の変化に伴って，学校教育にもそれに応じるための改善を求める傾向が強くなっていることを意味している。こうした要請に応えられるように，すべての章で最新事情を意識した内容構成とするようにした。

　本書の構成は大きく2つに分かれており，前半にキャリア教育の意義（1章），

理論（2章），教育課程（3章），方法（4章），評価（5章），組織（6章），キャリア・カウンセリング（7章）など，主にキャリア教育の概要や枠組みを説明する章が配置されている。後半部分は，わが国における小学校（8章），中学校（9章），高等学校（10章），大学など高等教育機関（11章），そして特別支援学校（12章）といったように，学校教育の中における実践にかかわる内容が示されている。それに続いて，さらに生涯（13章）にわたる内容と海外での取り組みのようす（14章）も取り上げられている。このように，この1冊でキャリア教育に関する概要から実践までの全体を理解できるように構成されている。

　本書の利用方法として，もし最初から順に学ぶのであれば，体系だった学習となるであろう。しかし，関心のある校種等の実践から学ぶ方法もある。そのほうが，より具体性をもって学びに向かうことができるという利点を有するからである。読者の目的と都合に合わせて，利用方法を選択していただきたい。

　なお，本書の執筆者は，各領域の専門家や，卓説した実績経験あるいはそれに関わった経験を有する実務家および今後の活躍が期待される若手の研究者である。それぞれ多忙な教育研究活動や日常業務の中で執筆に携わっていただいたことに，この場を借りて編者一同，感謝したい。

　最後になるが，本書の出版にあたっては，企画から最終段階にいたるまで北大路書房の奥野浩之および北川芳美の両氏に大変お世話になった。遅れがちな編集作業を忍耐強く待ってくださり，随所で的確な支援をいただかなければ本書の完成はなかったであろう。ここに記して深く感謝する。

　編者3名を代表して。

2016年3月

編者を代表して　小泉令三

目 次

はじめに

1章 キャリア教育の意義　1

1. キャリアとキャリア教育　2
2. キャリア教育の社会的背景　5
3. キャリア教育の内容と方法的特色　6
   (1) いつどこで教えるのか　／(2) キャリア教育では何を教えるのか　／
   (3) キャリア教育の方法的特色
4. キャリア教育の効用　10
• Column 1　将来の仕事に備えるコンピテンシーの育成　12

2章 キャリア教育の理論　13

1. 職業に関するとらえ方　14
2. 職業選択理論　15
   (1) 特性因子論　／(2) パーソナリティに注目する理論
3. キャリア発達理論　17
   (1) ギンズバーグの理論　／(2) スーパーの職業的発達理論
4. その他の理論等　21
   (1) プランド・ハプンスタンス理論　／(2) 意思決定理論　／
   (3) キャリア・アンカー　／(4) キャリア構成理論
5. わが国の学校教育での取り組み　22
• Column2　キャリア教育と心理学のクロスオーバー　23

3章 教育課程とキャリア教育　25

1. 教育課程におけるキャリア教育の位置づけ　26
   (1) 学校教育としてのキャリア教育　／(2) 機能としてのキャリア教育　／
   (3) 進路指導とキャリア教育の関係
2. キャリア教育の計画の立案　27
   (1) 全体計画の作成　／(2) 年間指導計画の作成
3. 各領域におけるキャリア教育の計画　29
   (1) 各教科　／(2) 総合的な学習の時間（「総合」）　／(3) 特別活動
4. 道徳教育とキャリア教育の関係　32
• Column3　市民性教育としてのキャリア教育の可能性　35

4章　キャリア教育の方法と技術　37

1. キャリア教育の進め方　38
   (1) キャリア教育が目指すもの　／(2) 学習意欲とキャリア教育
2. キャリア教育の活動　40
3. 系統的なキャリア教育の実践　41
   (1) 教育活動全体を通したキャリア教育の実践　／
   (2) 全体計画に基づくキャリア教育の実践　／(3) 体験学習の系統的な指導
4. キャリア教育の方法と技術　44
   (1) ガイダンスツールの活用　／(2) 学習の方法　／(3) キャリア教育の評価
- Column4　キャリア教育実践のための連携・協働　47

5章　キャリア教育の評価　49

1. キャリア教育の評価の考え方　50
   (1) キャリア教育における評価　／(2) アウトプット評価とアウトカム評価
2. 児童生徒の変容の評価　52
   (1) 評価の方法　／(2) 評価における留意点
3. 教育活動の評価と改善　56
- Column5　キャリア教育の評価目的　58

6章　キャリア教育の組織と推進　59

1. 学校教育におけるキャリア教育の目標：キャリアの多義性と，キャリア教育に関する誤解　60
2. 校内体制の充実とキャリア教育の推進　61
   (1) 校内体制の整備　／(2) キャリア教育の担当者　／(3) キャリア教育の推進　／
   (4) 全体計画および年間指導計画の作成　／(5) PDCAサイクルによる改善
3. 学外資源の活用　66
4. 本章のまとめ　67
- Column6　トライやる・ウィーク：兵庫県の実践　69

7章　キャリア・カウンセリングの理論と方法　71

1. キャリア・カウンセリングの歴史的経緯と定義　72
   (1) キャリア・カウンセリングのこれまで　／(2) キャリア・カウンセリングとは
2. カウンセリングの基礎理論　73
   (1) 精神力動的カウンセリング　／(2) クライエント中心的カウンセリング　／

　　　　（3）特性因子論的カウンセリング　／（4）行動論的カウンセリング　／
　　　　（5）開発的カウンセリング　／（6）折衷的カウンセリング
　3. キャリア・ガイダンスの理論と実践　76
　　　　（1）キャリア・ガイダンス理論　／
　　　　（2）キャリア・カウンセリングにおけるアセスメント　／
　　　　（3）キャリア・カウンセリングやガイダンスにおける自己理解の促進
　4. キャリア・カウンセリングの方法　79
　　　　（1）キャリア・カウンセリングの基本的態度　／
　　　　（2）各学齢期でのキャリア・カウンセリング　／
　　　　（3）教育的ニーズを踏まえたキャリア・カウンセリング
● Column7　キャリア教育と保護者の役割　83

8章　小学校におけるキャリア教育　87

1. 小学校におけるキャリア教育　88
　　　　（1）幼稚園でのキャリア教育　／（2）小学校におけるキャリア教育の課題
2. キャリア教育を推進するために　91
3. 小学校におけるキャリア教育の実際　93
4. 各学年の発達課題とキャリア教育　95
● Column8　教科等の本質を踏まえたキャリア教育　97

9章　中学校におけるキャリア教育　99

1. 中学校における職場体験活動の現状と課題　100
　　　　（1）職場体験活動の推進　／（2）職場体験活動の現状　／（3）職場体験活動の課題
2. 今ある"宝"を大事にする実践　105
　　　　（1）今ある"宝"を大事にする　／（2）4つの視点による実践　／
　　　　（3）生徒に自信をもたせる
3. セカンドステージに進む実践　108
　　　　（1）キャリア教育の落とし穴　／（2）身に付けさせたい力の具体化　／
　　　　（3）身に付けさせたい力の焦点化　／（4）セカンドステージに進む実践
● Column9　キャリア教育は学習意欲を高める　112

10章　高等学校におけるキャリア教育　113

1. 高等学校におけるキャリア教育の意義とねらい　114
　　　　（1）高等学校におけるキャリア教育の意義　／（2）高校生のキャリア発達　／
　　　　（3）高等学校におけるキャリア教育の課題とねらい
2. 進路指導とキャリア教育　115
3. 高等学校におけるキャリア教育の実践と評価　117

　　　　(1) 教科・科目等を通した実践　／(2) 体験的な学びを活かした実践　／
　　　　(3) キャリア教育推進の要となる評価の視点
　　4. 高等学校におけるキャリア教育の課題 120
　　　　(1) 「出口指導」から将来の生き方や進路を考えるための指導へ　／
　　　　(2) 将来起こり得る人生上のリスクへの対応に向けた学習・指導の充実　／
　　　　(3) キャリア教育の評価の充実に向けて教員の共通理解を図る工夫
　• Column10　高1クライシスを超えて：学校適応とキャリア教育　124

11章　高等教育機関でのキャリア教育　125

　1. キャリア教育推進の社会的背景 126
　2. キャリア教育の在り方 128
　　　(1) キャリア教育の位置づけ　／
　　　(2) キャリア教育を通して育むことが期待される能力　／(3) インターンシップの推進
　3. キャリア教育推進プログラム 130
　　　(1) 現代的教育ニーズ取組支援プログラム「実践的総合キャリア教育の推進」　／
　　　(2) 「大学教育・学生支援推進事業」就職支援推進プログラム　／
　　　(3) 「産業界ニーズに対応した教育改善・充実体制整備事業」
　4. キャリア教育の課題と展望 133
　• Column11　「時間的展望」を幹とした体系的なキャリア教育プログラム　135

12章　特別支援教育におけるキャリア教育　137

　1. 特別支援教育におけるキャリア教育の意義 138
　　　(1) 共生社会の形成とキャリア教育　／
　　　(2) 特別支援教育分野におけるキャリア教育への注目とその背景
　2. 特別支援教育における授業および教育課程の改善のための具体的方策 141
　3. 特別支援教育におけるキャリア発達支援の実際 144
　　　(1) 知的障害教育における教育課程の特徴　／(2) 地域協働活動の意義と実践
　4. 今後の課題と展望 146
　• Column12　PATH（Planning Alternative Tomorrow with Hope）　148

13章　生涯にわたるキャリア教育　149

　1. わが国におけるキャリア教育開始の背景 150
　2. 生涯にわたるキャリア発達における学校の役割 151
　3. 基礎的・汎用的能力 152
　4. 労働市場の変化 154
　5. 社会人の学習 156
　6. 環境変化を前提としたキャリア発達 157

- Column13　社会人になってから役立つ，学校時代の経験　　159

14章　諸外国のキャリア教育　　161

1. アメリカのキャリア教育　　162
2. ドイツのキャリア教育　　163
3. フランスのキャリア教育　　166
4. 他の欧州諸国のキャリア教育　　168
   (1) イングランドのキャリア教育　／(2) スウェーデンのキャリア教育　／
   (3) フィンランドのキャリア教育
- Column14　キャリア教育とグローバル社会　　171

引用・参考文献　　173
索引　　182

1章 キャリア教育の意義

1. キャリアとキャリア教育
2. キャリア教育の社会的背景
3. キャリア教育の内容と方法的特色
4. キャリア教育の効用

1. キャリアとキャリア教育

「キャリア（career）」という言葉は，通常「職業」「経歴」といった意味で使われることが多い。では，「キャリア教育」という場合の「キャリア」とは，どのような意味であろうか。英語の career の語源はラテン語の carrus であるといわれている。もともと四輪車をさしたが，そこから車が通る道という意味が生まれたという（小学館『ランダムハウス英和大辞典第 2 版』より）。さらに人の生きる道，人生，経歴といった意味も英語の career に含まれるようになった。とはいえ，欧米においても，キャリアという語は，職業生活における仕事や職階をさして使われることが多かったが，スーパー（Super, 1980）らが人生において果たすさまざまな人生役割（ライフ・ロール）をも含めてさすものとしてから，職業や仕事に関することだけでなく，より広い意味で使われるようになった（Gouws, 1995）。

> スーパー
> 人生役割

文部科学省の定義においてもキャリアを「人が，生涯の中で様々な役割を果たす過程で，自らの役割の価値や自分と役割との関係を見いだしていく連なりや積み重ね」（文部科学省，2011a，2011b，2012）ととらえており，スーパーの考えに基づいているものと思われる。

では，私たちは，人生の中でどのような役割を果たすのだろうか。代表的な役割として，スーパーは，子ども，親，余暇人（余暇を楽しむ），学生（学ぶ），市民，労働者，家庭人（家事をする）といった役割をあげている。そのうえで，人生で過ごす時間とこれらの役割の関係を「ライフ・キャリア・レインボー」という図に表した。すなわち，人が生涯のうちに果たす役割それぞれを虹の色の筋のように表すと，全体があたかも虹のように見える図となるのである（2 章 3 (2) 参照）。

> ライフ・キャリア・
> レインボー

> 社会的・職業的自立

次に，「キャリア教育」について，文部科学省は「一人一人の社会的・職業的自立に向け，必要な基盤となる能力や態度を育てることを通して，キャリア発達を促す教育である」（中央教育審議会，2011）と定義している。ここには，重要な内容が含まれている。つまり，児童生徒それぞれが「一人一人」独自のキャリアを生きるので，キャリア教育は個々人としての児童生徒をかけがえのない対象として大切にしなければならない。また，それらの児童生徒が将来に

おいて「社会的・職業的自立」を遂げることを視野に入れている。そうして、そのために必要な「能力」や「態度」を育てるとしている。能力とは、たとえばコミュニケーション能力、チームで働く力、問題を解決する力といった、社会人・職業人として必要な能力である。また、態度とは、働くことの価値を理解し、何事にも意欲的に取り組み、困難なことにも挑戦し続けようとする態度である。そして、このような能力や態度を育てることにより、「キャリア発達を促す」教育がキャリア教育である。キャリア発達とは、文部科学省によれば、「社会の中で自分の役割を果たしながら、自分らしい生き方を実現していく過程」（中央教育審議会、2011）である。

　人間は発達変化する存在である。キャリア発達は、人生におけるさまざまな役割に関連しながらも、職業という役割を中心とした発達であると考えるとわかりやすい。働くことは社会的に重要な役割だからである。キャリア発達は、発達の一般法則に則って起こる。すなわち、人々のキャリアについての意欲・態度・能力は発達的に変化していくが、その変化は自然に起こるものではない。発達は社会的環境の影響、経験・学習、成熟によって引き起こされる。またその過程は一本道ではなく、さまざまな可能性をもつ。そして、それぞれの発達段階における発達課題の達成と深く関係しながら発達していく。次の発達段階に移ることを移行（transition）と呼び、発達的変化の中ではとくに重視される。また、発達には方向性がある。キャリア発達では「自己実現」がその目指す方向といえよう。ここでいう自己実現とは、個々人のもっている可能性を開花させ、自分らしい生き方を実現していくことをさす。とくに職業生活に関しては、職業的自己実現を遂げることが目指される。

　それぞれの発達段階における発達課題は、それを達成すると終わりというものではなく、引き続き取り組むことによって人はさらに発達変化していく。したがって、発達は生涯続いていくものである（生涯にわたるキャリア教育については13章参照）。文部科学省による、小学校〜高等学校におけるキャリア発達段階とキャリア発達課題を表1-1に示す。

　ところで、中学校と高等学校では、教員が指導すべき内容として進路指導がある。進路指導とキャリア教育の関係はどのようになっているのだろうか。古くは、職業指導という名称で、将来職業に就くための教育が戦前から行われて

［欄外キーワード］
コミュニケーション能力
キャリア発達
発達段階
発達課題
移行
自己実現
職業的自己実現
進路指導
職業指導

●表 1-1　小学校・中学校・高等学校におけるキャリア発達（国立教育政策研究所生徒指導研究センター，2002 より作成）

年齢段階	小学校	中学校	高等学校
キャリア発達段階	進路の探索・選択にかかる基盤形成の時期	現実的探索と暫定的選択の時期	現実的探索・試行と社会的移行準備の時期
キャリア発達課題	・自己および他者への積極的関心の形成・発展 ・身のまわりの仕事や環境への関心・意欲の向上 ・夢や希望，憧れる自己イメージの獲得 ・勤労を重んじ目標に向かって努力する態度の形成	・肯定的自己理解と自己有用感の獲得 ・興味・関心に基づく職業観・勤労観の形成 ・進路計画の立案と暫定的選択 ・生き方や進路に関する現実的探索	・自己理解の深化と自己受容 ・選択基準としての職業観・勤労観の確立 ・将来設計の立案と社会的移行の準備 ・進路の現実的吟味と試行的参加

進学指導　就職指導

きた。1970 年代になると，進学指導と就職指導を含めて将来の進路について指導するという意味で進路指導という語が使われるようになった。その後，1989 年の学習指導要領総則では，進路指導は「生徒が自らの生き方を考え主体的に進路を選択できるよう，学校の教育活動全体を通し，計画的，組織的な進路指導を行うこと」とし，生き方の教育に力点が置かれた。この点では，進路指導の理念は，現在のキャリア教育の考えにかなり近いものといえる。文部科学省がキャリア教育の推進に力を入れるのは，社会的背景の変化などを受けた 2000 年頃からであるが，それまでの進路指導との比較でいえば，キャリア教育の対象期間を幼稚園から大学まで広げたこと，社会人・職業人として必要な能力や態度の育成を明確に示したこと等が，進路指導より発展した点であると思われる。また，進路指導という名称が，進学先や就職先を決定するための出口指導にかたよったイメージが支配的であったことも，キャリア教育という名称にして，本来の学校教育の理想の姿に近づけたいという願いがあったように思われる。

生き方の教育

出口指導

キャリア教育における中心的役割としての職業に関連して，その理解，態度，能力の育成については，2006（平成 18）年に改正された教育基本法（第 2 条 2），および 2007（平成 19）年に改正された学校教育法（第 21 条 10）でも謳われており，法的にも学校でこのような教育を行うことが規定されている。そして，キャリア教育は学校教育全体でなされるものであるので，各教科領域の学習指

教育基本法
学校教育法

導要領にもキャリア教育の内容がちりばめられている（3章3および4参照）。

2. キャリア教育の社会的背景

　現在のようにキャリア教育の必要性が強調されるようになった背景として，社会状況の変化がある。高度経済成長期，バブル景気と呼ばれる好景気の時期が終わり，1992年頃から全体的に不況の時代になった。とくに，就職に関しては1990年代後半から就職氷河期と呼ばれる就職難の時期を迎える。これに対応するように，学校を卒業しても定職に就いていない学卒無業者が増加したが，この中でもとくにフリーター，ニートと呼ばれる若者の数が増加した。

　厚生労働省（2003）によれば，フリーターとは，15〜34歳の男性または未婚女性で，パートやアルバイトをして働く者，またはこれらの仕事を希望する者をさし，1982年の統計では約50万人であったものが，2002年には200万人を越え，2009年でも約178万人と多数の若者がフリーターであることが示されている（厚生労働省，2015）。フリーターの増加には，雇用側が非正規雇用の社員を増加させたことも一因として考えられる。また，ニート（NEET）とはNot in Education, Employment cr Training（就学，就労，職業訓練のいずれも行っていない若者）の略で，日本では若年無業者，すなわち15〜34歳の非労働人口のうち，通学，家事を行っていない者をさす。ニート状態にある若者は，1993〜2002年の10年間で40万人から64万人に増加し，その後2011年まで，だいたい60万人程度であるとされる（厚生労働省，2015）。

　このような社会的背景から，政府は2003年にこうした風潮への対策として，文部科学省，厚生労働省，経済産業省，および内閣府という省庁をまたいだ大規模な対策計画「若者自立・挑戦プラン」を策定し，さらに2004年には，「若者自立・挑戦のためのアクションプラン」を開始する。こうした動きの中で，文部科学省はキャリア教育の推進に一層力を入れることとなった（11章1，13章1および4参照）。

　また，児美川（2013）が文部科学省の学校基本調査や厚生労働省の統計から高等学校入学後の進路について推計したところ，若者の進路は決して一本道ではなく，進路未決定，高校や大学における中途退学，就職後の早期退職，など

学卒無業者

フリーター

非正規雇用
ニート

を経験する者を合計すると全体の約6割を占めるという。高校，大学，あるいは専門学校を卒業して会社に就職すれば，その会社に定年まで勤めるというかつての**終身雇用制度**が，現在の社会では崩れつつあるようだ。

そして，**グローバル化社会**，情報化社会の到来という社会の変化も，旧来の仕事観やキャリア計画の立て方に変更を迫るものである。さまざまな情報が生み出され，発信され，それらの情報や物資，経済，そして人々もが地球規模で交流することにより，私たちの生活にも影響が及んでいる。そのため，児美川（2013）は，2つのことが必要になったという。それは，①学校卒業後も，生涯学び続けていく姿勢を身に付けること，②自分の人生を引き受けていく「キャリアデザイン」のマインドをもって行動すること，である。つまり，他人任せ，会社任せではなく，自ら**キャリア形成**を行うことが必要な時代であるといえよう。

3. キャリア教育の内容と方法的特色

(1) いつどこで教えるのか

学校の時間割の中に「キャリア教育の時間」は通常，設定されていない。では，いつどのように行うのだろうか。中央教育審議会（2011）によれば「キャリア教育は，特定の活動や指導方法に限定されるものではなく，様々な教育活動を通して実践されるものであり，一人一人の発達や社会人・職業人としての自立を促す視点から，学校教育を構成していくための理念と方向性を示すもの」である。したがって，学校教育全体の中に組み入れられ，計画的に実施されるべきものである。このとき，各学校で新たにすべてのキャリア教育の内容を創造していくのは大変である。そこで，文部科学省は，すでに学校で行っている教育内容の中に，たくさんの利用可能な**教育資源**（授業内容，**体験活動**，行事など）があることに注目し，それらを「宝」と呼ぶ。そして，それらの「宝」を「洗い出し」，「つないで」キャリア教育の計画を立案することを推奨している（国立教育政策研究所生徒指導・進路指導研究センター，2012）。キャリア教育の計画は，カリキュラムと呼ばれたりプログラムと呼ばれたりすることが

あり，その様式もさまざまである。学校におけるキャリア教育の計画として，多くの学校で行われているのは，学校全体の教育に関する全体計画と，各学年の指導計画である年間指導計画（3章2，6章2(4)，8章2参照）を作成するやりかたである。そして，これらの実践にあたっては，PDCA（計画，実行，評価，改善）のサイクル（6章2(5)参照）に則って行うべきであるとされる（国立教育政策研究所生徒指導・進路指導研究センター，2011）。

全体計画
年間指導計画
PDCA

(2) キャリア教育では何を教えるのか

キャリア教育で育成すべきものの全体像は，中央教育審議会（2011）によって，「社会的・職業的自立，社会・職業への円滑な移行に必要な力」として，図1-1に示す6つの内容にまとめられている。

図の中央右に示されている4つのブロックを基礎的・汎用的能力と呼ぶ。どのような職業に就こうとも社会人，職業人として共通に必要な能力である。

基礎的・汎用的能力

これら4つの能力の概要について，中央教育審議会は，次のように説明している（中央教育審議会，2011，pp.25-26；一部省略）。

(ア) 人間関係形成・社会形成能力

多様な他者の考えや立場を理解し，相手の意見を聴いて自分の考えを正確

人間関係形成・社会形成能力

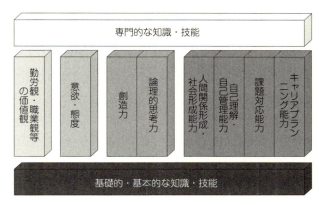

●図1-1 「社会的・職業的自立，社会・職業への円滑な移行に必要な力」の構成（中央教育審議会，2011より作成）

に伝えることができるとともに，自分の置かれている状況を受け止め，役割を果たしつつ他者と協力・協働して社会に参画し，今後の社会を積極的に形成することができる力。

（例：他者の個性を理解する力，他者に働きかける力，コミュニケーション・スキル，チームワーク，リーダーシップ等）

リーダーシップ
自己理解・自己管理能力

(イ)自己理解・自己管理能力

自分が「できること」「意義を感じること」「したいこと」について，社会との相互関係を保ちつつ，今後の自分自身の可能性を含めた肯定的な理解に基づき主体的に行動すると同時に，自らの思考や感情を律し，かつ，今後の成長のために進んで学ぼうとする力。

（例：自己の役割の理解，前向きに考える力，自己の動機付け，忍耐力，ストレスマネジメント，主体的行動等）

ストレスマネジメント
課題対応能力

(ウ)課題対応能力

仕事をする上での様々な課題を発見・分析し，適切な計画を立ててその課題を処理し，解決することができる力。

（例：情報の理解・選択・処理等，本質の理解，原因の追究，課題発見，計画立案，実行力，評価・改善等）

キャリアプランニング能力

(エ)キャリアプランニング能力

「働くこと」の意義を理解し，自らが果たすべき様々な立場や役割との関連を踏まえて「働くこと」を位置付け，多様な生き方に関する様々な情報を適切に取捨選択・活用しながら，自ら主体的に判断してキャリアを形成していく力。

（例：学ぶこと・働くことの意義や役割の理解，多様性の理解，将来設計，選択，行動と改善等）

生きる力

これらの能力を育成していくことは，従来から文部科学省が主張してきた「生きる力」，すなわち「確かな学力」「豊かな人間性」「健康・体力」の育成につながるものといえる（文部科学省，2011a，2011b，2012）。

勤労観・職業観

なお，これらの能力に加えて，「勤労観・職業観」「意欲・態度」「創造力，論理的思考力」も身に付ける必要がある。また，学校教育で日頃教えられてい

る「基礎的・基本的な知識・技能」も当然学ぶ必要がある。たとえば，読み・書き・計算はもとより，社会的・科学的な知識や芸術的な知識・技能も人の一生には必要なものである。また，社会的・職業的に自立するためには，税金や社会保険，労働者の権利・義務といったことの理解も必要である。これらは，本田（2009）が教育の職業的意義（relevance）として紹介している内容に類するものであるが，中央教育審議会（2011）によれば，これらも「基礎的・基本的な知識・技能」の一環として教えるべき内容であるとされる。

最後に，「専門的な知識・技能」は，特定の職業に必要な知識・技能であり，職業教育の中で教えられるべきものと位置づけられている。 <!-- 職業教育 -->

(3) キャリア教育の方法的特色

キャリア教育は，子どもたちに育成したい能力として，たんに試験問題が解けるという力ではなく，将来の社会人・職業人として必要な基礎的な能力を育成することを目指す。また，学校での学びと将来の生活や仕事が関連していることを児童生徒に理解させるよう教育する。このような目的から，キャリア教育は，現実の社会や職業と関連しての学習が主体となる。そのときの方法としては，文脈学習と呼ばれる学習形態となることが多いであろう（4章4(2)参照）。 <!-- 文脈学習 -->
つまり，学習者はそれを「なぜ」学ぶかを理解し，学習内容は実用的な現実社会への応用と関連づけられ，意味あるものとして学習することが目指される（佐藤，2001）。

このような学習と生活・仕事を関連づけるための代表的な方法として，具体的には次の3つをあげることができる。

① 体験的な学習：たとえば，職場体験活動のときに，学校で学んでいることが，実際の仕事に活かされていることに気づくような体験をすると，学校での学びの意義に気づいたり，もっと深く学びたいという意欲につながったりすることが期待できる。 <!-- 職場体験活動 -->

② 観察と話を聞くこと：実際の職業人に話を聞いたり，実際に仕事をしているのを観察したりすることである。これらは，職業や仕事への興味を湧かせたり，どのようにしてその職業に就けるかという，資格や進路への関心を高めたりすることにつながる。

③目標の注入：学校における授業の中で，学んでいることが将来どのように役立つのかを児童生徒に気づかせたり，将来のキャリアにつながる内容を学ばせたりすることである。これについては，下村（2009）が「インフュージョン」という手法として紹介している。インフュージョンとは注入するという意味である。たとえば数学の授業の中で，三角関数が実際に測量などで使われる例を取り上げたり，国語の授業の中で働くことについて書かれた文章を読ませたりする。つまり，教科等の授業の目標にキャリア教育の目標を加えることで，キャリア教育を実践していこうとするものである（このような事例は9章2(2)も参照）。

アクティブ・ラーニング　さらに，教室での学習方法としては，アクティブ・ラーニングが用いられるべきである。すなわち，教えられる内容が教員から子どもたちに一方的に伝達されるような教授法ではなく，子どもたち自身が考え，話し合い，発表し，振り返るといったように，子どもの主体的活動を重視して学習を進めていくことが求められている（キャリア教育の方法については4章4参照）。

4. キャリア教育の効用

上述のようなキャリア教育を推進することにより，さまざまな効用が期待できる。

①生き方，人生を考えさせる：児童生徒に将来の生き方や人生を考えさせることにより，将来やりたい仕事，なりたい自分に気づき，夢や志（こころざし）を育てることができる。また，生涯にわたって学び続ける必要があることを理解する。

②生きる力が育つ：社会人・職業人として必要な基礎的・汎用的な能力や態度を計画的に育成することにより，生きる力の向上につながる。また，キャリア教育の視点を取り入れることで，現在の教育課程や教育方法の見直しにつながる。

③意欲・態度が育つ：学校での学習の意義を理解し，体験学習や文脈学習などの有効な方法で学習することにより，学習意欲が向上する。また，そうした意欲の向上や体験が児童生徒の自己効力感，自己有用感の向上に寄与

することが期待される。

④人々をつなぐ：キャリア教育を推進するにあたっては，学校全体で取り組む必要がある。このとき，学校の教職員の力を結集することにより，学校内部の連帯感が強まるであろう。また，キャリア教育推進のためには，保護者，地域，さまざまな企業や組織の協力を必要とする。また，幼・小・中・高・大学間の連携もキャリア教育に効果的である。そこで，キャリア教育を学校外の人々とも連携するための契機とすることができる。

このように，キャリア教育による多様な効用を生みだすためには，教職員がキャリア教育を有意義なものとするための努力を積み重ね，さまざまな人々が協働することが肝要である。

Column 1　将来の仕事に備えるコンピテンシーの育成

　今ある職業は，いつまでもあり続けるだろうか。昔からあった職業で無くなったものはないだろうか。たとえば，昭和30年代頃までは，紙芝居屋，電話交換手といった職業に就いている人がたくさんいた。読者が子どもの頃に盛んで，今はあまり見なくなった職業にはどんなものがあるだろうか。

　このようなことから考えると，現在なじみがある職業も，もしかしたら将来，無くなっているかもしれない。近年，こうした職業の存続に影響を与えている要素として，一つは，機械化，ロボット化，人工知能化，IT化といった，機械による人間の仕事の代替があげられる。ダイヤモンド社は，英国の論文（Frey & Osborne, 2013）を参考に，米国において機械に奪われそうな職業・仕事ランキングを発表した（週間ダイヤモンド，2015年8/22号）。それによると，小売店販売員，会計士，一般事務員，セールスマン，一般秘書，飲食カウンター接客係，商店のレジ打ちや切符販売員といった，現在も多くの人が働いている仕事が自動化され，ロボットやコンピュータやネット上のやりとりに取って代わられることが予想されている。

　もう一つの要因はグローバル化である。さまざまな仕事が，時と場所を選ばず，地球規模で生産され，取り引きされるようになってきた。したがって，生産コストが低い国外に仕事を発注する傾向がさらに増加するし，海外の労働力の流入も増加すると思われる。

　一方で，機械ではできない仕事，私たちの地域の文化がもつ特質や人間としての高い創造性を生かすことのできる仕事の需要が将来はさらに増加すると思われる。たとえば，オリンピック招致で言われた「おもてなし」の心とか，他者への細やかな「思いやり」の心などは，日本の文化的特質ではなかろうか。

　現在，学校園で学んでいる幼児児童生徒は，数年後〜20年後くらいに社会に出て，社会人・職業人となる。そのとき，今ある職業の内容や，それに必要な知識・技能をいくら学校で学んでも，直接，将来の各自の仕事に役立てることができるかどうかは疑問である。そこで，どのような職業でも役立つような一般的な能力として，本文で述べた「基礎的・汎用的能力」を育成する必要がでてくるのである。キャリア教育は将来の生き方の教育であり，将来の社会や職業にも目を向け，幼児児童生徒が今後どのようなキャリアを歩もうとも，学んでよかったと思えるような教育を目指すものである。

2章 キャリア教育の理論

1. 職業に関するとらえ方
2. 職業選択理論
3. キャリア発達理論
4. その他の理論等
5. わが国の学校教育での取り組み

1. 職業に関するとらえ方

　子どもの頃,「大人になったら,どんな仕事をしたいか」という作文を書いたり,あるいは絵を描いたことのある人は多いだろう。また,たいていの人は,「将来,○○の仕事に就きたい」という夢を語った経験があるだろう。そもそも,職業にはどのような意義があるのだろう。まず経済性,すなわち仕事をすることによって生活に必要な収入を得,生計を維持することができる。また,社会性,つまりその仕事によって社会の中での一定の役割を果たし,社会に貢献できる。最後に個人性,すなわち職業を通して個性を発揮し,その人なりの生きがいや人生の目標達成を目指すことができる。これらの経済性,社会性,個人性という3つの意義は,職業の3要素と呼ばれている。人はなぜ仕事をするのか,あるいはしなければならないのかという問いへの答えといえる。

職業の3要素

　そもそも職業とは何なのか,職業をどうとらえるのかという職業観には個人差がある。これは,上の職業の3要素のどれを重視するかによって異なり,たとえば,夜や休日に執筆を続けて小説家を目指している者にとって,日中の仕事は生計維持が目的であり経済性が強い。また,自分の仕事は人助け,と感じてたとえ低い給料でも仕事に励んでいるような福祉関係団体の勤務者は,社会性を重視している例である。一方,絵が売れなくて生活が苦しいのに,とにかく絵を描き続けている画家がいたとする。この人は,自己を表現できることに喜びがあり,自らの職業に個人性を強く感じているに違いない。なお,3要素は互いに関連しているので,必ずどれかだけが強いというわけではない。

職業観

　こうした職業観とは別に,仕事をすることや働くことそのものをどう考えるのかという勤労観も人によって異なる。これは,「仕事は適当にやればよい」や逆に「仕事は大事にしたい」といった思いである。なお,職業観と勤労観は密接にかかわっている部分が多いので,「『職業観・勤労観』は,職業や勤労についての知識・理解及びそれらが人生で果たす意義や役割についての個々人の認識であり,職業・勤労に対する見方・考え方,態度等を内容とする価値観である」(国立教育政策研究所生徒指導研究センター,2002)のように,両者を分けないこともある。

勤労観

2. 職業選択理論

　ここにあげる理論は古くからあると同時に，現在のキャリア教育においても重要な意味をもつものである。ある段階で職業を選択または決定するわけであるが，その際にどのような職業を選んだらよいのかという課題は，どの時代でも同じであるからである。また社会的視点として，適材適所によって効率よく社会全体が動くようになるためにも，重要な考え方である。一方，職業選択にのみ焦点が当たり，職業に就いた後の生き方等にはあまり視点が向けられていないといった問題もある。次に，代表的な2つの理論を説明する。

(1) 特性因子論

　パーソンズ（Persons, 1909）によるもので，個人の能力や興味，適性などの特性と，職業に求められる要因との適合を適切に行えば，職業選択が適切に実施されるという考え方で，マッチング理論とも呼ばれる。具体的にはこのための3つの要素として，①自分の特性（適性，能力，興味，志望，資源，限界）について理解する，②各職業に必要な資格やそこで成功するための条件を知る，③両者を突き合わせる推論をする，といったことがあげられている。ちょうど，四角の穴に四角のブロック，丸い穴に丸いブロックを入れるおもちゃを想定するとわかりやすいであろう（図2-1）。

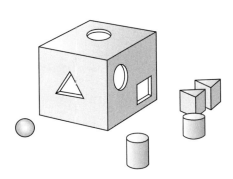

●図2-1　型はめパズルの例

100年以上前のこの考え方は，これですべてが決定されるわけではないが，自らの特性を理解しそれに合った職業や生き方を選択することは，どの時代であれ決して軽視できないことを示唆している。

(2) パーソナリティに注目する理論

ホランド
パーソナリティ

ホランド（Holland, 1973）は，パーソナリティと環境の類型に注目し，パーソナリティを6つの型に分けた。そして，それぞれに対応する職業を例示している。現在，わが国ではこの考え方に基づく職業興味検査（独立行政法人労働政策研究・研修機構，2002）が使用されているので，そこに示された6類型（領域）とそれぞれの説明を表2-1に示す。こうした類型が発達する過程は，図2-2にあるように本人の生得的な資質が基盤にあるものの，生育環境の影響が

●表 2-1　職業興味検査の6領域（独立行政法人労働政策研究・研修機構，2002）

領域名	内　容
現実的興味領域（Realistic）	機械や物体を対象とする具体的で実際的な仕事や活動の領域
研究的興味領域（Investigative）	研究や調査のような研究的，探索的な仕事や活動の領域
芸術的興味領域（Artistic）	音楽，芸術，文学等を対象とするような仕事や活動の領域
社会的興味領域（Social）	人と接したり，人に奉仕したりする仕事や活動の領域
企業的興味領域（Enterprising）	企画・立案したり，組織の運営や経営等の仕事や活動の領域
慣習的興味領域（Conventional）	定まった方式や規則，習慣を重視したり，それに従って行うような仕事や活動の領域

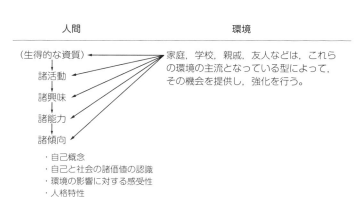

●図 2-2　パーソナリティの類型の発達図式（吉田，1988より作成）

大きいと考えられている。

　実際の具体的な職業として、ホランドは、現実型（表2-1では現実的興味領域、以下同様）は農業や自動車運転、研究型は化学者や生物学者、芸術型は画家や音楽家、社会型は教師や社会福祉関係者、企業型はセールスマンや政治家、そして慣習型は記帳や金銭出納にかかわる仕事を例示している。

　この理論およびこれに基づく検査の利点として、ホランド自身が次の3点を指摘している。①職業についての情報を簡潔かつ明瞭に表現していて、またこの6類型はパーソナリティの区分と対応している。②職業に関する興味から、どの職業の分野が適切かを説明し、理解させることができる。③職業的な発達を促進し、また職業的な発達が未熟な場合は、実態に合わせた支援（相談、指導など）を行うことができる。

　以上の理論は、職業区分や職務内容が時代や社会環境によって急速に変化しているため、人の一生を通じて恒常的に適用できるとは限らない。しかし、パーソナティの類型については、ある個人の中で優勢なものとそうでないものがあると考えると、現在も職業興味検査が使用されているという事実からわかるように、普遍的な価値をもつといえる。

3. キャリア発達理論

　職業選択を人間の発達過程の一部としてとらえるのがこのキャリア発達理論の特徴で、たんに青年期の一時期だけでなくより広い期間を視野に入れている。そして、その過程がいくつかの質の異なる段階に分けられ、それぞれの段階で解決され、あるいは達成されるべき発達課題（職業的発達課題）があると考えられている。発達課題はハヴィガースト（Havighurst, R. J.）が提案した概念であるが、それが職業発達に用いられている。以下に、代表的な2つの理論を紹介する。

(1) ギンズバーグの理論

　ギンズバーグ（Ginzberg, E.）は、職業選択にいたるまでの過程に注目し、それまでのさまざまな選択が土台となって実際の職業選択がなされているとし

キャリア発達理論

発達課題（職業的発達課題）
ハヴィガースト

ギンズバーグ

て、その発達的特徴を検討した。そして、大きく空想期（6～11歳頃）、暫定期（11～18歳頃）、現実期（18～22歳頃）という3つの発達段階を提唱した。この発達段階区分には、自我の形成に注目する精神分析学の考えが影響しており、ギンズバーグは自我の強さが重要であると考えていた。なお、後に彼は現実期以後にも、生涯にわたって職業についての諸決定が行われるとした。

(2) スーパーの職業的発達理論

スーパー
職業的発達理論
職業的発達課題

スーパー（Super, D. E.）は、表2-2のような成長、探索、確立、維持、下降という5つの職業的発達段階を設定し、職業的発達理論を体系化した（Super, 1957）。各段階・時期には、職業的発達課題が設定してある。この表には、児童期から退職後までの期間が含まれており、まさに生涯における職業に関係するすべての過程が検討されていることがわかる。

自己概念

また、彼の理論では、自己をどうとらえているのかという自己概念が重要視されており、自己概念の形成が職業的発達に密接に関係するとされている。その過程は、漸進的、継続的で、かつ非可逆的であり、また妥協と統合によるダイナミックなものであるとしている。

職業的成熟

さらに彼は、職業的成熟の概念を導入している。これは、職業的発達の程度を表すもので、具体的には各年齢段階で期待される職業的行動に対して、どの程度のレベルに達しているかによって示される。指標としては、次の5つ、すなわち職業選択への方向づけ、希望する職業についての情報収集と計画性、希望する職業の恒常性、本人の諸特性の明確化、希望する職業の妥当性があげられている。

スーパーはまた、仕事の連鎖関係（変遷やつながりぐあい）をキャリアパターンと呼び、いくつかの類型にまとめた。表2-3では、男子では4種、女子では7種のタイプがあげられている。時代と国と社会状況の違いはあるが、現在の日本でも適用できるタイプが相当数あることがわかる。

ライフ・キャリア・レインボー
人生において果たすさまざまな役割（ライフ・ロール）

スーパーはその後、ライフ・キャリア・レインボー（ライフ・キャリアの虹）（図2-3）にみられるように、職業を人生において果たすさまざまな役割（人生役割＝ライフ・ロール）の一つと位置づけ、その他の役割も含めて、誕生から死ぬまでの生涯発達の視点でキャリア発達理論を提案している。これにより、

職業的発達課題はキャリア発達課題，職業的成熟はキャリア成熟というように，キャリアの概念が適用されてきている。

●表2-2　職業的発達段階（渡辺，1989）

発達段階	時期	職業的発達課題	説明
A　成長段階	児童期 青年前期	自分がどういう人間であるかということを知る。職業世界に対する積極的な態度を養い，また働くことの意味についての理解を深める。	1つの役割を果たすこと（しばしば尊敬する成人や友人に自分を同一化する結果として）により，また学校や自由時間，その他の活動によって児童は自分は何がうまくやれるか，何を好むか，他の人と自分はどんな点で違うかということを理解し，このような知識で自己像というものをつくりあげる。
B　探索段階 1 試みの時期	青年前期 青年中期	職業についての希望を形づくっていく。	自分に適切だと思う職業の水準や分野について，おおまかな予想を立てていく。
2 移行の時期	青年後期 成人前期	職業についての希望を明らかにしていく。	学校から職場へ，あるいは学校から高等教育機関に移行する。その際おおまかな予想をある1つの選択へと絞っていく。
3 実践試行の時期	成人前期	職業についての希望を実践してみる。	暫定的な職業について準備し，またそれを試みることによって，それが生涯にわたる自分の職業となるかどうかを考える。その職業経験はまだ準備的なもので，その経験によって，積極的にその職業を続けるか他の分野に進むかが考えられる。もし他の分野を考えるようになれば，改めてその他の分野が何であるかとかその職業に対する方向づけを行っていかなければならない。
C　確立段階 1 実践試行の時期	成人前期から30歳ごろまで	職業への方向づけを確定し，その職業に就く。	必要な機能や訓練経験を得て，一定の職業に自分を方向づけ，確立した位置づけを得る。今後起こる職業についての移動は1つの職業内の地位，役割，あるいは雇用場所の変化が主になる。
2 昇進の時期	30歳代から40歳代中期	確立と昇進。	その後経験を積み，輩下を得，また能力を高めることによって，その地位を確かなものにし，また昇進する。
D　維持段階	40歳代中期から退職まで	達成した地位やその有利性を保持する。	若年期が，競争が激しく新奇な発想の豊富なのに比べて，この時期は，現状の地位を保持していくことに，より力が注がれる。
E　下降段階	65歳以上	諸活動の減退と退職。	人びとは，やがてくるかまたは実際に当面する退職にあたって，その後の活動や楽しみを見出すことを考え実行していく。

出典：内藤勇次（編）(1991)．生き方の教育としての学校進路指導　北大路書房　p.221

● 表2-3 スーパーによるキャリアパターン (Super, 1957)

タイプ		特 徴
安定	男子：	試行期を飛ばして，求めてきた仕事へまっすぐ入る。
	女子：	(同上．ただし女子では安定職業従事型という。)
定型	男子：	職業的発達段階に沿った典型的な進み方をする。
	女子：	短期間職業に就き，結婚後，家事に専念する。
不安定	男子：	試行─安定─試行のパターンで，生涯の職務や職業と思われるものに永続して自分を確立できない。
	女子：	家事と職業従事を繰り返す。
複雑試行	男子：	職場をしばしば変え，試行がでたらめに繰り返される。
	女子：	(同上)
安定家事従事	女子：	卒業後，すぐ結婚して家庭に入る。
二筋道	女子：	家事と職業を両立させる。
中断	女子：	職業に就いた後，結婚・出産・育児などにより，一時家庭に入るが，その後再び職業に復帰する。

出典：内藤勇次（編）(1991). 生き方の教育としての学校進路指導　北大路書房　p.222.

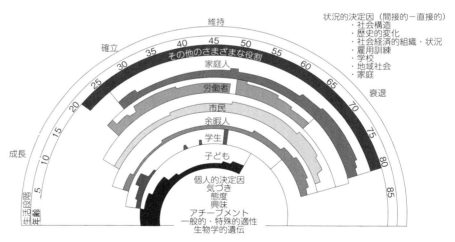

ある男のライフキャリア

「22歳で大学を卒業し，すぐに就職。26歳で結婚して，27歳で1児の父親となる。47歳の時に1年間社外研修。57歳で両親を失い，67歳で退職。78歳の時妻を失い81歳で生涯を終えた」。D. E. スーパーはこのようなライフ・キャリアを概念図化した。

● 図2-3　ライフ・キャリア・レインボーの例（文部省，1992より作成）

4. その他の理論等

(1) プランド・ハプンスタンス理論

クランボルツ（Krumboltz, J. D.）による理論で，「計画された偶発性理論」とも訳される。職業をはじめ人生のさまざまな事項の8割は，予期していない偶発的なことによって決定されるが，その偶然を活かすには計画的な準備が必要であるという考えである。これには，好奇心，持続性，柔軟性，楽観性，冒険心といった行動特性が関係しているとされている（Krumboltz & Levin, 2004）。

一見すると矛盾した理論に思えるが，実際，同じ体験をしてもそれをその後の人生に大きく活かせる人とそうでない人がいる。いわゆるレディネスの状態によって，経験の意味や役割が異なると考えると理解しやすい理論であろう。

(2) 意思決定理論

職業選択では，いくつかの可能性の中から何かを選択するという場面があるが，その際の意思決定において合理的な道筋を提供しようとする理論である。ジェラット（Gelatt, 1962）は，①選択可能な行動についての結果の予測，②結果の価値，③優先順位等に基づく実際の決定といった側面を重視した理論を提唱している。そして，流動的で変化の著しい現代では，より柔軟に意思決定をしていくことを重視している。

(3) キャリア・アンカー

シャイン（Schein, 1993／金井訳, 2003）によるもので，キャリアを選択する際に，最も重要視する価値観や欲求を意味する。主なものとして，管理能力，技術的・機能的能力，安全性，創造性，自律と独立，奉仕・社会的献身，純粋な挑戦，ワーク・ライフバランスの8つがあげられている。こうした価値観や欲求は，時間的に安定していると考えると，キャリア形成における一貫性を説明できる概念といえよう。

(4) キャリア構成理論

キャリア構成理論

サビカス

サビカス（Savickas, M. L.）らが，キャリア・カウンセリングとの関連の中で提唱した理論である。すなわち，カウンセラーは相談者に対して，一方的に情報提供や指示をしたりせず，逆にただ傾聴するだけでもなく，むしろ相談者と一緒になってその過去を含めた現実の姿に向き合い，そこから現実像をつくる（構成する）という作業を行う必要があるとしている（渡部，2015）。今後，さらに発展と深化が期待できる理論の一つと考えられる。

5. わが国の学校教育での取り組み

現在，小中高等学校等でのキャリア教育は，キャリア発達理論に基づいて，主に学校種に沿った発達区分に合わせた取り組みが行われている。そして，基礎的・汎用的能力と呼ばれている人間関係形成・社会形成能力，自己理解・自己管理能力，課題対応能力，キャリアプランニング能力の育成が図られている（中央教育審議会，2011）（第1章を参照）。

基礎的・汎用的能力
人間関係形成・社会形成能力
自己理解・自己管理能力
課題対応能力
キャリアプランニング能力

なお，従来，関係省庁等から何種類かの能力の提案がされてきている。国立教育政策研究所生徒指導・進路指導研究センターによる「職業的（進路）発達（キャリア発達）にかかわる諸能力」，内閣府による「人間力」，厚生労働省による「就職基礎能力」，経済産業省による「社会人基礎力」，中央教育審議会による「学士力」などである（国立教育政策研究所生徒指導研究センター，2011）。それぞれに，定義や説明，そして能力区分の異なる部分があるが，ニートやフリーターの増加問題や，国の社会保障制度の根幹にかかわる課題等を背景にしている点は共通である。今後の各学校等での取り組みに際しては，社会的状況とそれへの対応を求める社会的要請を十分に認識する必要がある。

Column 2　キャリア教育と心理学のクロスオーバー

　この章で説明した理論は，年代的にどのような流れにあり，また相互にどのような関係になっているのであろうか。図はその概要を示したものである。1950年頃に，それまでの職業選択に注目する考え方と，フロイト（Freud, S.）が創始した精神分析学のとくに自我に注目する考え方がもとになって，ギンズバーグやスーパーによってキャリア発達理論が提唱された。

　このようにキャリア教育に関する理論は，1950年代に重要な転機を迎えている。そして，実は本文では紹介していないが，エリクソン（Erickson, E. H.）の生涯発達論，すなわち人間の一生にはいくつかの段階があり，それぞれの段階で解決すべき課題（発達課題）があるので，それを解決することによって段階を進んでいくという考え方と深い関係がある。また，エリクソンは「自分とは何者か」という意識に関するアイデンティティ（自我同一性，自己同一性）の概念を提唱したが，スーパーも同様に職業的発達において「自分とは何者か」という自己概念を重視している。

　キャリア教育は，教育学，社会学，経済学，生涯学習学など多数の学問領域が関係していて，いわゆる学際領域である。それらの学問領域の中でも，とくに心理学との関係が深いのは，上述のように理論的な背景を心理学に負うところが大きいためである。

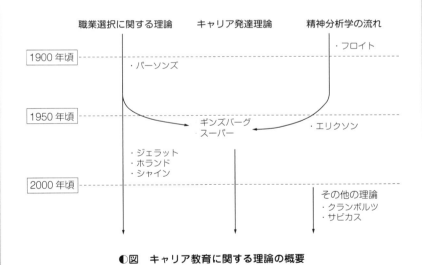

●図　キャリア教育に関する理論の概要

3章
教育課程とキャリア教育

1. 教育課程におけるキャリア教育の位置づけ
2. キャリア教育の計画の立案
3. 各領域におけるキャリア教育の計画
4. 道徳教育とキャリア教育の関係

1. 教育課程におけるキャリア教育の位置づけ ・・・

(1) 学校教育としてのキャリア教育

 キャリア教育は，特定の活動や指導方法に限定されるものではなく，学校の教育課程（カリキュラム）全体を通して実践される。よって，それは学校教育が目指すものと方向性を一にしており，たとえば学校教育法第21条では「職業についての基礎的な知識と技能，勤労を重んずる態度及び個性に応じて将来の進路を選択する能力を養うこと」が義務教育の目標の一部とされている。

 また，キャリア教育は，教育課程基準である学習指導要領の基本理念である「生きる力」（変化の激しいこれからの社会を生きるために必要な知・徳・体のバランスのとれた力）の育成に資するものでなければならない。すなわち，「生きる力」のうち「社会的・職業的自立に向け，必要な基盤となる能力や態度」に焦点を当て，その具体化を図ることによって各学校が取り組むべき課題を明らかにし，その課題の達成に向けてさまざまな教育活動が展開されるのである。ゆえに，キャリア教育はまったく新しい教育活動ではなく，既存の教育活動を社会的・職業的自立に必要な能力・態度の育成という視点から見直し，内容や方法を工夫したり，各活動の関係を再編したりすることによって実現される。

(2) 機能としてのキャリア教育

 現行（小・中学校2008年，高等学校2009年告示）の学習指導要領では，学校の教育課程は「各教科」「総合的な学習の時間」「特別活動」「道徳の時間」（小・中学校のみ），「外国語活動」（小学校第5・6学年のみ）といった領域から構成される。キャリア教育は，生徒指導，進路指導，道徳教育と同じく，これらのすべての領域において発揮される機能としてとらえることができる。

 したがって，各領域の中にある「キャリアの断片」を教員が意識して見いだし，結びつけることで，体系的・包括的なキャリア教育が実践されるといえよう。各領域をつなぐ際に軸となるのが，社会的・職業的自立に必要な能力・態度であり，中央教育審議会答申（2011）では「基礎的・汎用的能力」として人

間関係形成・社会形成能力，コミュニケーション能力，課題対応能力，キャリアプランニング能力の4つが提示されている。これらの4能力が各領域と互いにクロスし編み込まれていく中で，相互が補完し，相乗的な効果が生み出される。

また，キャリア教育は各領域を空間的につなぐだけでなく，時間的につなぐ取り組みである。つまり，教育課程の接続を考慮し，小・中・高の12年間を通して，さらに可能ならば就学前教育や高等教育も含めて，基礎的・汎用的能力を段階的に育成し，キャリア発達を促進することを目指している。

(3) 進路指導とキャリア教育の関係

中学・高等学校においては，全教育活動を通じた機能として，以前から進路指導の概念が存在してきた。確かに，進学先や就職先の決定・支援という出口指導にとどまらない，生き方の教育としての進路指導はキャリア教育と大差なく，その中核をなす。ただし，進路指導が中等教育に限定された概念であるのに対して，キャリア教育は初等教育も包含しており，理念としては前述のように就学前教育から高等教育までを一貫する教育活動として構想されている。よって，その実践にあたっては，進路指導以上に上級学校・下級学校との接続に留意し，教育課程の連続性を意識する必要があろう。

2. キャリア教育の計画の立案

各学校の教育課程におけるキャリア教育の位置づけを明確にし，学校の目標や特色に基づいた活動を体系的に推進するためには，キャリア教育の計画を作成する必要がある。作成にあたっては，文部科学省から発行されている『キャリア教育の手引き』（小学校／中学校／高等学校）（文部科学省，2011a，2011b，2012）が参考になるであろう。計画（Plan）に基づいて実践し（Do），それを評価（Check）して改善（Act）する，いわゆるPDCAサイクルを機能させることで，より効果的な取り組みとなる。

(1) 全体計画の作成

国立教育政策研究所生徒指導・進路指導研究センター（2013）によって実施

側注:
- 人間関係形成・社会形成能力
- コミュニケーション能力
- 課題対応能力
- キャリアプランニング能力
- 出口指導
- キャリア教育の計画
- キャリア教育の手引き

された「キャリア教育・進路指導に関する総合的実態調査」(以下「実態調査」) によると,全体計画のある学校は小学校63.4%,中学校81.3%,高等学校70.4%となっている。以下では,全体計画作成のための5つのステップを提示する (国立教育政策研究所生徒指導研究センター,2011)。

全体計画

第1ステップでは,子どもの現状を把握し,キャリア発達の状況を明らかにする。その際,教員による観察や面談などの定性的な評価(直接的・間接的)とアンケートなどによる定量的な評価を組み合わせることが望ましい。実態を記述するにあたっては,「明るい」「素直」といった単語レベル(形容詞・形容動詞等)ではなく,「何がどの程度できるか」を明示する必要がある(藤田,2014)。

目指す子ども像

第2ステップでは,「内部統合の視点」と「外部環境の視点」を踏まえて,目指す子ども像,すなわちキャリア教育の目標を明確にする。前者は,学校経営理念や学校教育目標などのグランドデザインをベースに,子どもの現状,教師や保護者の願いを学校内部の情報として整理する視点である。後者は,基礎的・汎用的能力の育成という社会的要請や,都道府県・市区町村の方針などを取り込んでいく視点である。これら2つの視点を考慮して目標を設定するが,その際にはスローガン(達成の程度の把握が困難な抽象的な表現)ではなく,目標に準拠した評価が実施できるように行動レベルで言語化する必要がある。

第3ステップでは,行動目標に対応する形で,育成したい能力・態度を明示する。基礎的・汎用的能力は,これらをどのようなまとまりで,どの程度身に付けさせるかは,学校や地域の特色,専攻分野の特性や子どもの発達段階に応じて異なる。ゆえに,これらの能力を参考にしつつ,各学校がそれぞれの課題を踏まえて具体的な能力・態度を定め,目標に反映させることが望ましい。

第4ステップでは,設定した能力・目標を踏まえて,各領域や各学年における重点目標を可視化していく。

第5ステップでは,評価指標を定め,評価の実施計画を盛り込む。「実態調査」では全体計画の中に評価計画を記している学校は小学校8.2%,中学校11.5%,高等学校20.7%にとどまるが,PDCAサイクルを確実に機能させるために,何を,いつまでに,どのように評価するか決めておくことが求められる。

(2) 年間指導計画の作成

全体計画に対して，各学年における年間指導計画は，各発達段階における能力・態度の到達目標と，それを実現するための手だてを明記したものである。「実態調査」では，年間指導計画のある学校は小学校46.7％，中学校76.7％，高等学校80.4％となっている。小学校では半数に満たないのが現状であるが，全体計画を具現化するために欠かせないものである。

まずは，各領域や各教科の取り組みを相互に関連づけた指導計画が作成されなければならない。それぞれの領域で従来なされてきた「点」の活動を「面」へ展開するために，子どもたちが「学習目的とのつながり」「過去の学習や教科間のつながり」「日常生活とのつながり」「将来の役割とのつながり」を意識できる指導内容にすることが重要である（国立教育政策研究所生徒指導研究センター，2011）。体験活動，調査・分析，発表・討論の機会や問題解決学習などを取り入れることで，学びに文脈をつくり，キャリアの断片に意図的なつながりをもたせることができる。

さらに各領域・各教科の指導計画を作成する場合は，実施時期・予定時間・単元名・各単元における主な学習活動を明確にするとともに，キャリア教育で育成する能力・態度との関係を記す必要がある。注意すべきは，指導計画が確実に実践できる，無理がないものになっているかどうかである。たとえば，キャリア教育に関連する単元等を学習指導要領から網羅的に見いだし，それらをすべて月別に書き起こした一覧表は，緻密で美しくとも，実現性に乏しい「紙キュラム」であり，年間指導計画とはいえない（藤田，2014）。

［欄外］年間指導計画
［欄外］紙キュラム

3. 各領域におけるキャリア教育の計画

学習指導要領に示された領域のうち，本節では「各教科」「総合的な学習の時間」「特別活動」に着目し，キャリア教育との連関を検討する。

(1) 各教科

教科においてキャリア教育を実施するにあたっては，各教科本来の目標や内

容を優先したうえで，それが基礎的・汎用的能力の育成にどのように貢献できるかを考える必要がある。たとえば，国語では「話すこと・聞くこと」を通して，数学では「説明し伝え合う活動」を通して，社会では「現代社会と自分の生活とのかかわりを考える」ことを通して，理科では「他者と協力して観察・実験を行う」ことを通して，「人間関係形成・社会関係形成能力」を育成できる。

したがって，基礎的・汎用的能力は，ある意味では教科学習によって習得したものを活用するための基本的な能力・態度を類型化したものととらえることができる。教科におけるキャリア教育は，社会に積極的に参画し問題を解決するための「PISA 型学力」とも深くかかわっているのである。このように考えると，通常は指導が行われた後で考えられがちな評価（基礎的・汎用的能力のパフォーマンス評価）を先に構想し，教育によって最終的にもたらされる結果から遡って教育課程を設計する「逆向き設計」（西岡，2005）は，一つの有効な指導計画の作成方法であるといえよう。

> PISA 型学力

「実態調査」によると，年間指導計画に「各教科におけるキャリア教育」を含んでいる学校は小学校 72.2％，中学校 32.4％，高等学校 32.0％となっており，とくに中等教育では不十分である。しかし，授業時間の大部分を占める教科によってキャリア教育を実践してこそ，子どもは学ぶ意義を理解し，学習と将来の関係性を意識することができる。「実態調査」でも，キャリア教育計画の充実している学校ほど，学習意欲が向上する傾向にある。

(2) 総合的な学習の時間（「総合」）

> 総合的な学習の時間

「総合」の目標は「横断的・総合的な学習や探究的な学習を通して，自ら課題を見付け，自ら学び，自ら考え，主体的に判断し，よりよく問題を解決する資質や能力を育成するとともに，学び方やものの考え方を身に付け，問題の解決や探究活動に主体的，創造的，協同的に取り組む態度を育て，自己の（在り方）生き方を考えることができるようにする」と定められている。したがって，「総合」におけるキャリア教育では，探究的学習，問題解決学習，協同学習を通して，基礎的・汎用的能力が育成されなければならない。各学校において具体的な資質・能力を設定するにあたっては，学習指導要領解説に提示された「学習方法に関すること」「自分自身に関すること」「他者とのかかわりに関するこ

と」の3つに従って整理することが望ましい。

　学習内容としては，小学校では「横断的・総合的な課題」「児童（生徒）の興味・関心に基づく課題」「地域や学校の特色に応じた課題」が学習指導要領解説に示されており，中・高等学校ではさらに「職業や自己の将来に関する課題」が付け加えられる。そのため4つ目を意識して，職業や労働にかかわる体験活動等を中心に「総合」でキャリア教育を実施する学校も少なくない。2013年度には中学校の職場体験の91%（学校行事としての読み替え8.3%を含む）が「総合」を用いて実施されている（国立教育政策研究所生徒指導・進路指導研究センター，2014）。職場体験の計画を立てるにあたっては，数日間の体験だけでなく，前後で実施される事前指導と事後指導を充実させ，ある程度の期間にわたる「職場体験学習」の単元を設定する必要がある。体験によって自己有用感の向上などが期待できるが，「体験しっぱなし」では数か月で元に戻ってしまうことも多い。事後指導によって非日常的な体験の成果を日常生活に活かしていくことで，遅延効果が期待できる。

　　事前指導
　　事後指導
　　職場体験学習
　　自己有用感

　各学校の裁量の余地が大きい「総合」はキャリア教育を展開しやすく，「実態調査」によると小学校の92.3%，中学校の89.8%，高等学校の82.9%がキャリア教育の年間指導計画に含んでいる。キャリア教育を新たに導入するにあたっては，まずは総合学習から始め，その後教科など領域との関連を見直し，全体計画を作成していくのも一つの方法であろう。

(3) 特別活動

　特別活動の目標は，「望ましい集団活動を通して，心身の調和のとれた発達と個性の伸長を図り，集団の一員としてよりよい生活や人間関係を築こうとする自主的，実践的な態度を育てるとともに，自己の（人間としての）生き方についての自覚（考え）を深め，自己を生かす能力を養う」ことにある。したがって，集団活動を通した自発的・自治的な生活実践を通じて，基礎的・汎用的能力に貢献するのが，特別活動におけるキャリア教育の特徴である。

　　特別活動

　中・高等学校の特別活動には「学級（ホームルーム）活動」，「生徒会（児童会）活動」，「学校行事」の3つの分野があり，小学校ではさらに「クラブ活動」が加わる。学級活動では，係活動や当番活動などを通して仕事や役割を分担す

> リーダーシップ

ることで，組織におけるリーダーシップやフォロワーシップを理解することができる。また中・高等学校の学級（ホームルーム）活動には「(3)学業と進路」

> キャリアパターン

という内容があり，たとえば卒業生や職業人を招いて講演会を開催し，そのキャリアパターンから進路情報の理解を深めるなど，進路選択の準備がなされる。

生徒会（児童会）活動やクラブ活動は，異年齢集団との交流を生かして幅広い人間関係を育成する機会となる。学校行事に関しては，とくに「(5)勤労生産・奉仕的行事」においてボランティアや清掃活動などが行われることになっており，

> 勤労体験

「勤労体験」を通じて働くことの意義や尊さを体得できる。

最後に，特別活動の独自性という点から，「人間関係・社会形成能力」の育成について言及しておきたい。この能力は「実体験」という基盤なしに獲得することが容易でないため，子どもと教師の協働によって学校を彼ら自身の主体的で創造的な生活の場として再構築する「生活づくり」としての学級活動や生徒会活動への期待は大きい。「参画と自治と成果の保障」「民主主義的空間における役割取得」「キャリア発達段階を考慮した自治活動」という3つの方向性を踏まえて計画を立案することで，効果的な獲得が可能となる（京免，2014）。

4. 道徳教育とキャリア教育の関係

> 道徳教育

道徳教育の目標は，「学校教育全体を通じて，道徳的な心情，判断力，実践意欲と態度などの道徳性を養う」ことである。中学校学習指導要領解説 道徳編では，「キャリア教育との関連を図り，自己の個性・能力・適性を理解するとともに，それらを生かすための啓発的経験と，将来の充実した生き方を支える道徳的価値の自覚を深める道徳の時間の指導が大切である」ことが強調されている。もっとも「実態調査」によると，週1回の「道徳の時間」が年間指導計画に含まれている学校は，小学校65.4%，中学校46.8%と他領域に比べて少ない。

キャリア教育と道徳教育はどのような点が共通しているのであろうか。第1に，両者とも児童・生徒に社会性の伴った価値観を形成することを目的としており，「人間としての在り方生き方」教育であることがあげられる。第2に，

> スーパー

両者が「役割」を主要な概念としていることである。スーパー（Super,

1957）によると，キャリア発達は職業や役割を通して自己概念を明確にしていくプロセスであり，他方で道徳性の発達は他者を通して自己の役割を見つめることにある。

　これらのことを踏まえて，キャリア教育と道徳教育が協働した場合の概念図を示すと図3-1のようになる。役割取得と自己理解が対置され，キャリア教育におけるキャリア発達と道徳教育における道徳性の発達によって，それらの接近が実現すると考えられる（三村，2006）。概念図を効果的に機能させるためには，道徳の4つの視点内容（「自分自身に関すること」「他の人とのかかわりに関すること」「自然や崇高なものとのかかわりに関すること」「集団や社会とのかかわりに関すること」）がキャリア発達の観点から見直され，基礎的・汎用的能力とクロスされることが望ましい（表3-1）。キャリア教育が道徳教育と融合することで，自分の役割を自己と他者の双方向から眺めることが可能となる。たとえば，職業価値観に関しても，他者の視点からそれを吟味することによって，道徳的な要素が付与される。このようにして醸成された価値観に基づく，よりよく生きようとする意欲や態度は，子どもの自発的・自律的な道徳行為の原動力となり，実際の進路選択にも反映されていくことになろう。

職業価値観

進路選択

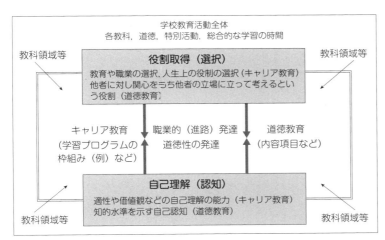

●図3-1　学校教育における道徳教育とキャリア教育の機能概念図（三村，2006）

● 表 3-1 「基礎的・汎用的能力」育成に関連する道徳の指導内容例（文部科学省，2011b）

人間関係形成・社会形成能力	自己理解・自己管理能力	課題対応能力	キャリアプランニング能力
勤労観・職業観等の価値観			
礼儀　　　　2-(1) 思いやり　　2-(2) 信頼，友情　2-(3) 異性理解　　2-(4) 寛容，謙虚　2-(5) 感謝　　　　2-(6) 権利，義務　4-(1) 公徳心，社会連帯 情報モラル　4-(2) 正義，公正公平 　　　　　　4-(3) 集団生活の向上，役割，責任　　4-(4) 勤労の意義と尊さ，奉仕の精神　4-(5)	望ましい生活習慣 　　　　　　1-(1) 強い意志　　1-(2) 自主・自律　1-(3) 理想の実現　1-(4) 自己理解，個性の伸長　　　　　1-(5) 生命尊重　　3-(1)	生命尊重　　3-(1) 自然愛護　　3-(2) 人間の気高さ3-(3) 家庭生活の充実 　　　　　　4-(6) よりよい校風の樹立 　　　　　　4-(7) 郷土の発展への貢献 　　　　　　4-(8) 伝統の継承と文化の創造への貢献 4-(9) 国際社会への貢献 　　　　　　4-(10)	強い意志　　1-(2) 自主・自律　1-(3) 理想の実現　1-(4) 自己理解，個性の伸長　　　　　1-(5) 権利，義務　4-(1) 役割，責任　4-(4) 勤労の意義と尊さ 　　　　　　4-(5)

Column 3　市民性教育としてのキャリア教育の可能性

　近年，欧米を中心に市民性を育てるキャリア教育論が展開されている。フランスを例にとると，ギシャール（Guichard, 2013）は，従来の「個人と労働のマッチング」や「個人による主体的キャリア形成」といったパラダイムのみならず，「社会の持続的発展」という新たな視点が求められると主張している。社会的・文化的文脈に依存したキャリア形成能力の個人差，ディーセント・ワーク（働きがいのある人間らしい仕事）の不足，地球温暖化など世界規模で起きている重大な危機，これらに対応するためには，「倫理的配慮」のあるキャリアデザインがなされなければならず，学校教育もそれに貢献すべきであるという。

　また，ダンベール（Danvers, 2009）によると，現世代および次世代が尊厳をもって平和に生きる権利を保障する「公共財」は社会参画によって維持・発展すべきものであり，その責任を一人一人が自己の人生で引き受けなければならない。よって，物質的に自己が存在するための条件と共同体が進歩するための条件を保障する仕事の意味内容について吟味し，社会的市民性を獲得する「倫理的社会参画」モデルのキャリア教育が要請されるという。

　日本においても社会の不安定化とリスク化が進行しており，キャリア形成における社会的公正は急激に失われつつある。たとえば，6人に1人の子どもが相対的貧困の状態にあることはよく知られている。また，15～24歳の若年層失業率は約8％と全年齢の2倍近い。ゆえに，「自立した強い個人」を前提として既存社会に適応する能力・態度を育成するだけでは限界があり，社会正義を志向して「現実を変えていく」ための能力・態度を育む必要があろう。これこそが「市民性教育としてのキャリア教育」であり，自己のキャリア形成が社会形成と密接にかかわっていることを理解し，自分たちにとって住みやすい社会の創造を目指して選択・行動できる市民の育成である。

　さらに2015年6月17日，公職選挙法の改正により18歳選挙権が実現したことで，市民性教育の機運は高まっている。教育課程との関連でいえば，とくに小・中学校の社会科や高等学校の公民科の意義は大きく，中でも「働く者の権利とその実現の道筋」の学習をより一層充実させていくことが望ましい。また，特別活動においても，役割を果たすことによってクラスや学校での生活がよりよいものになっていく経験をすることで，社会形成能力を獲得できる。さらに，2015年3月に「特別の教科」になることが決まった「道徳」（小学校では2018年度，中学校では2019年度から開始）への期待も大きい。社会「奉仕」だけでなく社会「参画」の視点を意識し，他者や社会への波及効果を考慮した進路選択について，児童生徒に考えさせることが重要であろう。

4章
キャリア教育の方法と技術

1. キャリア教育の進め方
2. キャリア教育の活動
3. 系統的なキャリア教育の実践
4. キャリア教育の方法と技術

1. キャリア教育の進め方

(1) キャリア教育が目指すもの

　近年の情報化，国際化が進む社会の中で生きるために，人々は多様な知識や技能を常に学び続けることを求められている。さらに，わが国では少子高齢化の進展により将来的に大幅な労働力人口の減少が予測されている。中央教育審議会（2011）は，労働生産性の維持・向上や，労働力の確保という観点で，将来の職業人の教育を充実させることは喫緊の課題であるとするとともに，人々が各々の希望やライフステージに応じてさまざまな学びの場を選択し，職業に必要な知識・技能を身に付け，その成果が評価され，職業生活の中で力を十分に発揮できるようにすることが重要であると述べている。

　スーパー（Super, 1957）の職業的発達理論では，自己概念の形成とその実現（職業的自己実現）を理論の中核に据え，職業選択を個人が自分は何者かと問い始める中学生頃から始まるプロセスとしてとらえている（小泉，2006）。ハーシェンソン（Hershenson, 1968）が示した職業的発達段階では，職業への投入期（私のしていることが私にとってどんな意味をもつかが問われ，どの程度自分が仕事に打ち込み，満足を得ているかが問題となる）にいたるためには，その前段階として，児童期における「自分に何ができるかという能力に対する問いかけ」と，次いで自己の能力を前提として青年期における「自分は何をしようとしているかという目標設定」がなされなければならないとされている（井森，2010）。すなわち社会的・職業的自立のためには，それぞれの発達段階に応じて自己理解を進め，将来の目標を立て，そのプロセスで生じる困難に取り組む力が求められるのである。

　キャリア教育で育成が目指される基礎的・汎用的能力のうち，自己理解・自己管理能力，課題対応能力，キャリアプランニング能力の3つは，ハーシェンソンが示す発達課題に対応するものといえるだろう。さらに人間関係形成・社会形成能力は，他者からさまざまな情報や協力を得るといったことだけでなく，自己理解を深めるうえで非常に重要な能力である。他者と交流する中で，他者

に認められる体験を通して自己有用感をもち，自己の特性や希望について深く考え自己理解を深める経験が，職業的自己実現を可能にすると考えられる。

自己有用感

(2) 学習意欲とキャリア教育

若者の職業人としての自立，活躍が求められる状況にもかかわらず，若者の社会的・職業的自立や学校から社会・職業への移行をめぐる課題が指摘される。たとえば，15〜39歳を対象とした「若者の意識に関する調査」（内閣府，2010）によると，狭義のひきこもりにあたる「自室から出ない」若者が推定4.7万人いるとされている。ひきこもりになったきっかけとして最も多かったのは，「病気」と並んで「職場になじめなかった」という回答であった（図4-1）。同調査では，若年無業者についても，就業しない理由について，「知識・能力に自信がない」，「希望する仕事がありそうにない」という回答が一定の割合を占めている。こうした課題が生じる背景の一つとして，学校での学びが社会・職業のイメージと結びつきにくいことがあげられる。

たとえば，PISAの読解力，数学的リテラシー，科学的リテラシーについての日本の子どもの平均得点は2006年以降，TIMSSは2007年以降横ばいあるいは上昇がみられる。しかしながら，TIMSS2011の質問紙調査では，数学・理科の大切さや意義に関する日本の子どもたちの意識は，参加国・地域の中で最底辺に位置する結果となった。また，PISA2012においても，「数学が自ら

PISA

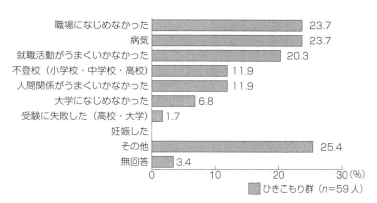

●図4-1　現在の状況（ひきこもり）になったきっかけ（内閣府，2010）

の将来と関係する」という意識は非常に低いことが示されている。理数科目に限らず，PISA2009 の質問紙調査では，趣味として読書をする生徒の割合は OECD 加盟国の平均を下回り，4 割以上の生徒が読書に対して消極的であることが示された（藤田，2014）。このことから，わが国において，学校での教科にかかわる学びが日常生活での興味関心や自己の将来のビジョンと結びつくことなく，その意義がわからないままになっている子どもが多いことが考えられる。こうした傾向に注意を払い，キャリア教育を進めるうえでは，日頃の授業や児童生徒とのかかわりの中で，学びと生活，自己とのかかわりを気づかせるような働きかけが重視されるべきである。

2. キャリア教育の活動

自己理解
進路情報
啓発的経験
進路相談
方策の実行
追指導

キャリア教育の活動は，自己理解の促進，進路情報の提供，啓発的経験の提供，進路相談，方策の実行，追指導の6つの活動にまとめることができる。

自己理解の促進は，児童生徒が自分の興味・関心，長所・短所，得意分野などを理解することを支援することである。それぞれの発達段階に即して適切な目標を掲げ，挑戦したり，達成したりする中で自尊感情や自己有能感を抱くことができるように促すことが必要だとされる。

進路情報の提供は，たんに進学情報や就職斡旋の資料配付にとどまらず，キャリア形成における態度や価値観の基礎を養うための情報，および進路選択のための資料などを意図的，計画的に提供していくことを意味する（小泉，2006）。たとえば，教師を目指している子どもに対して，たんに教員免許が取得できる学校についての情報を伝えるだけでなく，教師という職業について深く知るための新聞記事を紹介したり，実際に教師の姿を観察してみるように勧めたりすることも含まれるだろう。

職業観
勤労観

職場体験
インターンシップ
キャリア・カウンセリング

啓発的経験とは，子どもたちの観念的・抽象的な職業観や勤労観を，具体的・現実的なものとすることをねらいとした機会である。たとえば，当番活動や学校行事での役割分担，上級学校・職場訪問，職場体験，インターンシップ（就業体験活動），校外ボランティア活動など，学校の内外での諸経験が含まれる。

進路相談は，近年は，キャリア・カウンセリングという言葉で表されること

もある。キャリア・カウンセリングは，キャリア教育の一環としての個に応じた支援や指導であり，「教師と児童・生徒との直接の言語的コミュニケーションを手段とすることが特徴である」（国立教育政策研究所生徒指導研究センター，2009）。すなわち，進路選択する場面だけでなく，子どもが課題に対して建設的な解決策を見いだせるように助言を行うことなども含むものである。

方策の実行とは，就職や進学に際して行う具体的な指導や援助を意味する。キャリア教育は，中学・高等学校等の最終学年で行う出口指導で終わってはならないが，しかしこの段階あるいはそれにいたるまでの過程で行われる，個別的で具体的かつ実際的な指導や援助は必要不可欠である。

追指導は，卒業生の進学先，就職先へ適応援助の指導を行うことである。進学先，就職先への連絡や訪問，また卒業生への文書や面接による追跡調査，相談などが該当する（小泉，2006）。卒業生へのフォローという側面だけでなく，卒業生の適応状況を分析することで，在学生への指導の改善につなげることができるという側面がある。

これらの6つの活動は，従来の進路指導においても重視されてきたキャリア教育の中核をなすといえる活動である（7章3参照）。

3. 系統的なキャリア教育の実践

(1) 教育活動全体を通したキャリア教育の実践

キャリア教育は，前節で示した活動だけで実現するものではない。キャリア教育は，特定の活動や教育方法に限定されるものではなく，さまざまな教育活動を通して実践される（中央教育審議会，2011）。すなわち，各教科（生活科を含む），道徳，外国語活動，総合的な学習の時間，特別活動を含む教育活動全体を通した取り組みである。キャリア教育の教育活動全体を通した育成という視点は目新しいものではない。生徒指導や教育相談における指導は，ガイダンスという用語からきているが，学校でのガイダンスとは，卒業後に子ども自身の力で社会に適応できるように支援することである。キャリア教育において求められる基礎的・汎用的能力の育成は，学校におけるガイダンス機能の充実

生活科

総合的な学習の時間

特別活動

ガイダンス機能

であるといえる。生徒指導や教育相談では，問題対応的な視点だけでなく，教育活動全体を通して児童生徒が自立して豊かな社会生活が送れるように，児童生徒の心身の発達を促進させ，社会生活で必要な**ライフ・スキル**を育てるなどの**開発的カウンセリング**の視点が重視されている。キャリア教育は，職業的な視点をある程度重視するとはいえ，従来から取り組まれてきた児童生徒の発達支援の中で，その実践を考えることが可能である。

また，藤田（2014）は，努力すれば必ず夢がかなうと後押しを受けてきた子どもの中に，さまざまな経験や情報に触れる中で，必ずしも努力すれば実現するというものではないことに気づき，落胆とあきらめの気持ちから**自己肯定感**を自ら低下させるケースがあることを指摘している。このようなケースを避けるために藤田（2014）は，小学校段階で，低学年からの努力継続の重要性を説く指導とのつながりを保ちながら，高学年では自らの志向性・方向性に気づかせるとともに，職業についての視野を広げ，自己理解と社会認識を深めさせることが有用であることを述べている。こうした連続性をもった取り組みは，特定の学年担当者や特定の役割をもつ教員だけが行えばよいというものではなく，校長をはじめとして，学校全体で理解と協力の意思をもって進めていく必要があると考えられる。そのためには，全体計画が重要な役割を果たす。

(2) 全体計画に基づくキャリア教育の実践

教育活動全体を通して行うということは，教育活動の個々の取り組みがバラバラではなく，組織的，系統的に行われる必要があることを示している。

文部科学省（2011）は，全体計画の基本的な考え方として，「自校のキャリア教育の基本的な在り方を内外に示すとともに，学校の特色や教育目標に基づいたキャリア教育の教育課程への位置付けを明確にするものであり，キャリア教育を体系的に推進していくために欠かせないもの」とするとともに，「各教科等におけるねらいや指導の重点項目を確認し，共通理解を図ることもできる」としている。

ここで重要なのは，たんに見栄えのよい計画をつくることにとらわれ，"絵に描いた餅"にならないように注意することである。藤田（2014）は，キャリア教育の実践を「キャリア教育の断片」を意識し，それらの断片を相互につな

◉表 4-1　学習意欲向上にかかわるキャリア教育の実践（国立教育政策研究所生徒指導・進路指導研究センター，2013　p.122 より作成）

実践内容
・全体計画に基づく学級等のキャリア計画の立案
・発達課題に即した学級等のキャリア計画の立案
・計画に基づくキャリア教育の実施
・キャリア教育実施のための時間の確保
・人生上の諸リスクに関する情報収集（小学校を除く）
・体験学習／職場体験／インターンシップ，体験学習等の事前・事後学習

ぐこととしている。キャリア教育の断片をつなぐとは，たとえば，国語で取り上げている作品の作者の育った地域について，社会科の調べ学習で取り上げるなど教科間の連携や，体育の時間に実技が苦手な子をサポートしていた子どもについて，別の場面でもそのことに触れ，他者と協力することで得られることについて考えさせることなどが考えられる。全体計画は，あくまでもこうした断片をつなぐために必要な目標，指導計画の共有のためにつくられるものでなければならない。国立教育政策研究所生徒指導・進路指導研究センター（2013）は，学習意欲の向上につながるキャリア教育の実践の一つとして，全体計画に基づく学級等のキャリア計画の立案があることを示している（表 4-1）。こうした成果がみられるのも，実施可能な全体計画であればこそであるだろう（3章 2(1) 参照）。

(3) 体験学習の系統的な指導

　各教科・科目の学習は，学習内容と日常生活や職業社会とのつながりを意識させたり，人に認められる機会をつくることにより自己効力感を高め，人とかかわることへの積極性につなげるなど，キャリア教育の重要な機会の一つである。これに加えて，職場における体験活動・学習は，現実的，具体的な職業意識を身に付けさせることを考えた際に，強い影響力をもつことが期待される活動である。

　実際の職場を見る，体験するといった活動はそれ自体，児童生徒にとって非常に大きなインパクトを与える。しかしながらそれゆえに，体験活動そのものに目が向きすぎてしまい，事前指導，事後指導が十分とはいえないケースもみ

自己効力感

事前指導
事後指導

られるようである。藤田（2014）は，事前指導，事後指導で，形式的な調べ学習や発表活動に陥りやすいことを指摘し，「事前指導－職場における体験活動－事後指導」を一つの学習ユニット，単元としてとらえる重要性を述べている。すなわち，事前指導においては，「何のために，何を学びに職場に行くのか」を明確にし，その目標達成に必要な事前の学習を十分に行うことが肝要である。事前の学習が十分になされていてこそ，体験活動において効果的な気づき，学びが得られるといえる。さらに，事後指導においては，事前指導で明示されたねらいを振り返り，体験活動において個々が得た気づきを全員が共有し，意見交換する中で学びを深めることが重要であると述べている。

4. キャリア教育の方法と技術　•••

(1) ガイダンスツールの活用

児童生徒理解　　他の教育活動と同様に，キャリア教育を進めていくためには，児童生徒理解が必要不可欠である。たとえば，キャリアガイダンスを行う際に，児童生徒の

ガイダンスツール　職業意識を知るために，さまざまなガイダンスツールを使うことが考えられる。

職業興味検査　たとえば，職業興味検査など子どもが興味をもっている職業についての検査があげられる。教員側が児童生徒の職業に関する興味を知ることができるだけでなく，児童生徒にとっても自身の職業的興味を言語化することで，職業に対す

自己理解　る意識を高め，改めて自分自身の希望に合った学習や進路を考えるなど自己理解を進める手段の一つとしても有用であると考えられる。ただし，児童生徒は，「この職業は経済的に安定を得られるといわれているから関心がある」というように，具体的な職業の実態を考えないままに興味をもっていることも考えられる。そのため，こうした検査だけにとどまらず，さまざまな啓発的体験を通して，現実的な職業の理解と選択につなげる必要がある。また，たとえば，職業適性検査など，個人の特性と親和性の高い職業を知るための検査を合わせて

質問紙法　実施することや，質問紙法と合わせて面接や日頃のようすを観察した結果なども含めて分析することで，一面にとらわれず，幅広い可能性を視野に入れた指導・支援が可能となる。このように，対象者を総合的に理解するために複数の

検査法を組み合わせて用いることをテストバッテリーという。個の特性や発達，興味関心に沿ったキャリア教育を進めるためには，特定のガイダンスツールの活用だけでなく，日頃から児童生徒との信頼関係をつくり，多面的に児童生徒理解を深めていくことが必要不可欠である。

> テストバッテリー

(2) 学習の方法

アメリカでは，学校での学習，とりわけアカデミックな教科の学習に生徒を動機づけるために，文脈学習，あるいは文脈的な教授・学習が提唱されている。これは，学習者の興味・関心に基づいて，学習内容と生徒の現実の生活世界とを結びつけたり，生活世界における学習内容の応用を促したりする教育実践である（松本，2007）。パネル（Parnell, 1995）によると，文脈学習は，目的，知識と過去の学習の結びつけ，現実社会への知識の応用，問題解決，チームワークの学習，新しい知識の発見，文脈と知識などの関連づけの7つの原理に基づくとされる。

> 文脈学習

また，寺本（2014）は，ライフ・スキル教育は有効なキャリア教育になりえるとし，そのために，普段の教科での活動や学習，健康づくりにおいて獲得したライフ・スキルを使うように仕向けること，学校行事などの一定期間のプロジェクトでスキルを活用し，成功体験を積ませることが必要であると述べている。文脈学習やライフ・スキル教育では，アクティブ・ラーニングが効果的に用いられている。

中央教育審議会（2012）は，「生涯にわたって学び続ける力，主体的に考える力を持った人材」を育てるために，「教員と学生が意思疎通を図りつつ，一緒になって切磋琢磨し，相互に刺激を与えながら知的に成長する場を創り，学生が主体的に問題を発見し解を見いだしていく能動的学修（アクティブ・ラーニング）への転換」の重要性を示している。小林（2015）は，アクティブ・ラーニングはキャリア教育で育てたい力を鍛えるのに適していると述べている。キャリア教育は，児童生徒が自己決定できるように支援していくことであり，アクティブ・ラーニングは，児童生徒にその自己決定の機会を多く与えることになる。ヴェーマイヤー（Wehmeyer, 1999）は，自己決定を行う人の本質的な特徴として，行動の自律性，自己調整行動，心理的なエンパワーメント（自

> アクティブ・ラーニング
>
> 自己決定
>
> エンパワーメント

自己実現

分はできるという効力感をもち，自分でものごとを調整しようという動機づけをもつこと），自己実現の4つを示している。アクティブ・ラーニングを効果的に用いることで，自己決定を行う力が育つことも期待される。

(3) キャリア教育の評価

中央教育審議会（2011）では，「キャリア教育の実践が，各機関の理念や目的，教育目標を達成し，より効果的な活動となるためには，各学校における到達目標とそれを具体化した教育プログラムの評価の項目を定め，その項目に基づいた評価を適切に行い，具体的な教育活動の改善につなげていくことが重要である」と示されている。キャリア教育実践において，評価は重要な意味をもつ。藤田（2014）は，キャリア教育で求められているのは，「職場体験活動を実施したか」というようなアウトプット評価よりも，「職場体験活動を通して児童生徒がどのように成長したか」という視点でのアウトカム評価であると指摘している。各学校，学級で目標としているキャリア教育の目標をもとに作成した児童生徒の目標達成度評価を行い，それをもとに，のちのキャリア教育の実践，改善へつなげることが求められている（5章1(2)参照）。

Column 4　キャリア教育実践のための連携・協働

　キャリア教育では,「基礎的・汎用的能力を確実に育成するとともに,社会・職業との関連を重視し,実践的な活動を充実すること」が基本的方向性として示されている(中央教育審議会,2011)。社会・職業との関連について深く知り,さらに実践的な活動を行うためには,教員だけの経験や学習だけでは限界がある。また,米国の調査であるが,フレイとオズボーン(Frey & Osborne, 2013)は,機械化,情報化の進展により,存在する職業の47%が消えていく可能性があることを指摘している。事実,近年の社会状況の変容は著しく,多種多様な職業が生まれるとともに,従来,人の手で行われていた仕事が機械やコンピューターにとってかわられている実感をもっている人も多いであろう。このような変容する社会の状況とそれに応じた職業,社会人としての在り方について学ぶために,学校は,地域・社会,企業,経済団体・職能団体や労働組合等の関係機関,NPO等あるいは社会でのさまざまな立場の人々との連携が不可欠であるといえる。

　文部科学省は,2011(平成23)年度に学校関係者と地域・社会や産業界の関係者とが連携・協働してキャリア教育に取り組んでいる実施主体を表彰する「キャリア教育推進連携表彰」を創設し,毎年,表彰を行っている。表彰された取り組みをみると,学校関係者と商工会議所等が連携して組織された事務局により,学校におけるキャリア教育を地域ぐるみで支えているケースや,地場産業を生かした体験活動の実施により地域への関心も併せて高められるような取り組み,家庭と連携し親子のふれあい活動を促進するなど,いずれも学校内での教育を越え,社会的な教育へとつながっているようすをうかがい知ることができる。

　ペリー・スミスとシャリー(Perry-Smith & Shalley, 2003)は,個人が①他者と相互作用し,②ネットワークを構築し,③自分の領域外の他者ともかかわりのあるときに,より創造的になることを示している。キャリア教育実践において,多様な立場の人々と連携・協働することは,互いを補い合うだけでなく,これまでにない新たなアイデアを生み出す可能性を秘めている。キャリア教育の実践は,未来を担う子どもたちだけでなく,今の社会に生きる大人たちがよりよい社会を導くきっかけになるかもしれない。

5 キャリア教育の評価

1. キャリア教育の評価の考え方
2. 児童生徒の変容の評価
3. 教育活動の評価と改善

1. キャリア教育の評価の考え方

(1) キャリア教育における評価

評価　　キャリア教育を学校教育の一環として実践する場合には，適切な評価を行うことが求められる。そのためには，教師や児童生徒の漠然とした感覚や印象ではなく，明確な教育目標を設定したうえで，一定の基準に従って変容を明確に示すことが大切である（国立教育政策研究所生徒指導研究センター，2011）。

何を評価するかという評価対象については，すべての教育活動が児童生徒の成長や発達のために行われていることを考えると，やはり児童生徒の変容の評価が不可欠である。同時に，児童生徒の変容がなぜ起こったのかを検証することが重要となる。児童生徒の変容の原因を明らかにすることができれば，今後の教育活動の改善につなげることができる。このように考えると，**キャリア教育の評価**では，児童生徒自身がキャリア教育の取り組みによって，どのような成長や変化がなされたかという"児童生徒の変容の評価"と，キャリア教育の活動自体が効果的に展開されていたかという"教育活動の評価"の2側面の評価が求められる。

PDCAサイクル　　キャリア教育は，一般的に多くの教育活動で取り入れられているPDCAサイクルに沿って，実践が進められる。PDCAサイクルとは，計画（Plan），実行（Do），

●図5-1　PDCAサイクルと教育評価

評価（Check），改善（Action）のマネジメント・サイクルであり，もともとは企業の事業活動を円滑に進めるために活用されてきた手法である（図5-1および6章2(5)参照）。

このサイクルに従えば，評価は実行（Do）の後にだけ行われると考えられる。しかし，実際は，計画，実行，評価の各段階で評価が行われる。それぞれ実行前の計画段階での診断的評価，実行途中での形成的評価，実行後の総括的評価の3種類である。

診断的評価
形成的評価
総括的評価

①診断的評価

計画段階で行われる診断的評価は，キャリア教育の計画立案に必要な情報収集のための評価である。具体的には，キャリア教育を実践する前提となる児童生徒の能力や態度などの準備状態（レディネス）の把握や学校組織を含めた実践の可能性などの把握を行う。

②形成的評価

実行段階の途中で行われる形成的評価は，ねらいとなる能力や態度が児童生徒に育成されつつあるか，また設定した教育目標に沿った教育活動が計画通りに展開されているかの確認を行うための評価である。計画通りに展開されていないと判断される場合には，計画の修正や補足などの改善が行われる。

③総括的評価

実行後に行われる総括的評価は，教育目標の達成状況や計画の実践状況，および設定した能力や評価方法の適切さなどを把握するための評価である。総括的評価の結果から，指導計画や目標設定，および評価方法などの問題点を明らかにし，今後の改善に役立てられる。

(2) **アウトプット評価とアウトカム評価**

評価を行う際には，何を評価するかという評価指標が必要となる。キャリア教育の評価においては，アウトプット評価とアウトカム評価の実施の両方が大切である。アウトプット評価は，どのような活動をどの程度実施したのかという実施量に関する評価である。それに対して，アウトカム評価はキャリア教育を実施した結果，どのようなキャリア発達が促進されたのかという成果に関する評価である。キャリア教育におけるアウトプット評価の具体例として，「職

アウトプット評価
アウトカム評価

場体験を何日実施したか」「キャリア教育に関する講演会を何回実施したか」という評価があげられる。一方，アウトカム評価は，「職場体験によって児童生徒の能力がどのように変容したか」「講演会を聴講して児童生徒の意欲や態度がどの程度向上したか」という評価である。先述したキャリア教育の評価における2側面のうち，"児童生徒の変容の評価"はアウトカム評価であり，"教育活動の評価"はアウトカム評価とアウトプット評価の両方が含まれている。

2. 児童生徒の変容の評価

(1) 評価の方法

児童生徒の変容についての評価方法は，多様な方法があるが，主に，以下の5つの方法があげられる。

①観察法

観察法　　観察法は，対象者の行動を観察することによって，その行動特性や性格などを理解する方法である。観察法には，対象者の状況を操作・統制し観察を行う実験観察法と，操作や統制をいっさい行わず，ありのままの姿を観察する自然観察法がある。キャリア教育を含めた教育活動場面では，主に自然観察法が用いられている。

観察による情報収集の方法には，日常生活の中で印象的な行動やエピソードを記録する日誌法，ある一定の時間内で特定の行動を観察する**時間見本法**，特定の行動が生起しそうな場面を選択して観察を行う**場面見本法**などがある。

観察法は，ありのままの自然の姿を測定できることや，行動そのものが評価対象であるため，言語能力に依存しないことなどが利点としてあげられる。一方で，観察法の問題点は，観察者の主観が入りやすいことがあげられる。つまり，観察者の見方や記述の仕方によって，観察対象となる行動の評価が大きく歪む可能性がある。たとえば，ある児童生徒の観察者が担任教師である場合，これまでのかかわりによって，担任教師からみた児童生徒に対する印象が，評価以前からある程度固定化されることがある。その結果，好まし

い印象をもっている児童生徒には，全体として肯定的な評価がなされ，反対に，好ましくない印象をもっている児童生徒には否定的な評価がなされてしまうことがある。この現象は光背効果（ハロー効果）と呼ばれている。こうした問題点を解消するためには，複数人での観察によって客観性を高めること，さまざまな場面での行動を観察することなどの方法が考えられる。

▷光背効果（ハロー効果）

②面接法

面接法は，面接者と被面接者が，直接顔を合わせながら話し合い，情報収集を行う方法である（永江，2013）。キャリア教育においては，二者・三者面談や日常的な話し合いなどが多く行われている。

▷面接法

面接による情報収集の方法には，被面接者に自由に話してもらう非構造化面接，あらかじめ設定した質問に回答を求める構造化面接，あらかじめ設定した質問に対して自由に回答を求める半構造化面接がある。キャリア教育で行われる面談などでは，進路選択や児童生徒のプロフィールなど一定の質問項目があらかじめ設定されおり，構造化面接や半構造化面接のスタイルが多い。

観察法の利点として，文字が読めない子どもに対しても実施できることや非言語情報が得られることがあげられる。その反面，一人から情報を得るためにかかる時間や負担が多いことや，情報の分析において面接者の主観が入りやすいことが問題点といえる。

③調査法

行動や考え方について記述した質問項目をいくつか用意し，それらに回答する質問紙法が代表的な方法である。質問項目には，具体的な行動に関する実態調査以外にも，興味・関心・態度といった情意領域に関する項目をたずねることが可能である（菅，2010）。調査法では，調査対象となる教育活動の前後に調査を行い，その変化量によって効果測定を行う。

▷調査法

▷効果測定

調査法は，比較的実施が簡単で，短時間で多くの情報を収集できるという利点がある。一方で，回答者にある程度の文章読解能力が求められるため，小学校低学年児童などを対象とした評価には適さないという短所がある。

④検査法

検査法は，心理検査を用いて児童生徒の心理的特性（知能，性格，適性，

▷検査法

●表 5-1 検査法の種類と説明

種類	説明
進路適性検査	児童生徒の興味や性格,能力といった児童生徒一人一人のプロフィールに関する測定が行われ,適した職業や大学の学部学科などの進路選択に活用される。
職業適性検査	さまざまな職業分野で必要とされるいくつかの一般的な能力測定を行い,児童生徒一人一人に適した職業や望ましい進路選択に活用される。
職業興味検査	具体的な職業に対する興味・関心の有無を回答することによって,いくつかの職業興味領域に対する興味・関心の強さと個人の職業に対する心理的傾向を把握できる。
作業検査法	課題となる一定の作業に対する過程や内容によって,児童生徒一人一人の性格特性を理解しようとする方法である。代表的な方法には,内田クレペリン検査がある。
投影法	曖昧な図形や絵を見せて,それに対する反応から性格特性を捉えようとする方法である。代表的な方法には,ロールシャッハ・テストがある。

興味など)についての情報を収集する方法である。キャリア教育では,児童生徒の自己理解を深めることをねらいとして,児童生徒の能力や適性,キャリア発達の程度などを評価する際に広く用いられている。

キャリア教育でよく用いられている検査法には,進路適性検査,職業適性検査,職業興味検査がある。これらの検査の多くは,標準化されており,偏差値による結果表示がなされるなど,比較的信頼性の高い評価方法といえる。このほかに,児童生徒の心理的特性を測定する方法として,作業検査法や投影法などがある。検査法の種類と説明は,表5-1に示すとおりである。

⑤ポートフォリオによる評価

ポートフォリオとは,紙ばさみや書類カバンを意味する単語で,児童生徒の一連の学習活動の過程と成果を収集し,ファイルなどに整理したものである(勝見,2010)。キャリア教育においては,「キャリア発達を促すことにつながるさまざまな学習経験や活動の記録,特性・資格・免許などの一覧をファイリングしてまとめたもの」(国立教育政策研究所生徒指導研究センター,2011)と説明される。

ポートフォリオによる評価は,学習活動を通して蓄積された具体的な学習物の中から,その価値を児童生徒自身だけではなく,教師や仲間,さらには保護者とともに認め合う評価法である。その際,児童生徒の学習の結果ではなく,

●表5-2 集積させたい学習成果物の例（文部科学省，2011b）

・生徒が作成したレポート，ワークシート，ノート，作文，絵等
・学習活動の過程や成果の記録
・自己の将来や生き方に関する考え方の記述（進路相談シート等）
・生徒の自己評価や相互評価の記録（評価カード等）
・保護者や地域，職場の人々による他者評価の記録（体験記録カード等）
・教師による行動観察記録，進路学習などで行った検査や調査の結果，学業成績等

学習の現実的な場面や文脈に即した変容過程が重視される（勝見，2010）。

ポートフォリオによる評価によって，教職員は児童生徒のキャリア発達についての個別指導や支援に役立てることができる。また，児童生徒にとっては，ポートフォリオの作成と振り返りにより，自己理解が深まることが期待される（国立教育政策研究所生徒指導研究センター，2011）。キャリア教育でのポートフォリオの作成において集積させたい学習成果物の例については，表5-2のとおりである。

(2) 評価における留意点

キャリア教育は，一人一人の社会的・職業的自立に向けた教育活動であるが，社会的・職業的自立に必要な力として，「基礎的・汎用的能力」のほかに，「基礎的・基本的な知識・技能」「論理的思考力，創造力」「意欲・態度及び価値観」「専門的な知識・技能」などがあげられている（中央教育審議会，2011）。こうした力の中には，態度や価値観というような測定が難しい内容も含まれている。測定が難しい内容については，調査法のような定量的な評価だけではなく，観察や面接，ポートフォリオなどの定性的な評価をうまく活用することが重要である（古川，2008）。つまり，評価を行う際には，複数の評価方法を用いて多面的・多元的に評価することが求められる。

児童生徒の変容を多面的・多元的に評価することにより，教師はキャリア教育を進めるうえで重要となる児童生徒一人一人のキャリア発達の程度を把握することができる。また，児童生徒がこうした評価結果から自ら学習活動の過程や成果を振り返ることは，一人一人の社会的・職業的自立をねらいとするキャリア教育においてとても重要である。そのため，児童生徒の評価結果は，できる限り個別にフィードバックすることが望ましい。

3. 教育活動の評価と改善

　教育活動の評価は，各学校で設定された教育目標と取り組みの評価項目に基づいた評価を適切に行うことで，教育活動の改善につなげていくことが重要となる。その際，教職員だけではなく，保護者や地域の関係者と連携した情報交換を行い多面的な評価を行うとともに，複数の評価指標を用いた多元的な評価によって，教育活動における課題を明確にすることが望まれる。表5-3は，基本的な評価の視点の一例である。

　また，評価の実施にあたっては，1単元の短期的目標だけではなく，学期や年度ごとの中期的目標，さらには，3年あるいは6年といった長期的目標を設定することが必要となる。

　長期的目標として，キャリア教育で育成すべき力である「基礎的・汎用的能

●表 5-3　基本的な評価の視点の一例（文部科学省，2011c）

①目標の設定について
　・目標の設定は具体的で妥当であったか
　・目標設定過程への各教職員の参加度，理解度はどうであったか
　・保護者などへの説明は適切であったか　など
②実践中の評価について
　・生徒は積極的に取り組んでいるか，理解はどうか，予測した取組をしているか
　・生徒はプログラムの内容を理解しているか
　・生徒に期待した変化や効果の兆しはあるか
　・生徒の感想はどうか，教職員は適切な指導を行っているか
　・保護者や地域などへの説明は適切か　など
③評価の方法について
　・評価のための計画は適切に立てられていたか
　・評価方法やそのための資料は事前に検討され，用意されていたか
　・評価方法は具体的かつ適切であったか
　・教職員，生徒の評価への理解は十分であったか　など
④「生徒の変化」の評価
　・プログラム実施中の生徒の態度の変化はどうか
　・プログラムの目標の達成状況（実施過程中及び終了時）はどうか
　・特に顕著な生徒の行動・態度，課題は何か　など
⑤評価を受けての改善について
　・今までの評価を教職員，保護者，地域等で客観的に見直し，共通理解がされているか
　・評価を適切に次の改善策として生かしているか
　・改善策を受けて実行プログラム（アクションプラン等）が立てられているか　など

力」の4能力(「人間関係形成・社会形成能力」「自己理解・自己管理能力」「課題対応能力」「キャリアプランニング能力」)があげられる。ただし,中央教育審議会(2011)によると,「これらの能力をどのようなまとまりで,どの程度身に付けさせるのかは,学校や地域の特色,専攻分野の特性や子ども・若者の発達の段階によって異なる」ことから,最終的な目標設定は学校の実態に応じて修正が求められている。この他に,キャリア教育では,生きる力やPISA型学力の育成,言語活動を通したコミュニケーション能力の育成など,子どもたちが力強く生きていくために必要な資質や能力を育てることが期待されている(文部科学省,2011a)。これらのキャリア教育と関連の深い力が,キャリア教育の長期的目標として設定されることも考えられる。

　また,長期的目標における重要な評価指標として,卒業後の就職状況の調査があげられる。キャリア教育は社会的・職業的自立に向けた教育活動である。高校卒業後に生徒が社会的・職業的自立を達成できたかどうかを追跡調査することは,キャリア教育の目標が達成できたかを評価する重要な指標である。追跡調査の結果から,必要に応じて卒業生に追指導を行うことも可能となる。

　また,追跡調査の情報は蓄積することによって,学校で実施したキャリア教育の成果と課題が明確になり,教育活動の改善に向けた重要な情報となる。秋田県では,2006年に秋田県立高校を卒業した就職者と県内事業所を対象に「高卒就職者リサーチ事業」を実施し,卒業生の追跡調査を行った(河合塾,2013)。調査では,卒業生に現在の離転職を含む就職状況をたずねたほか,高校時代に身に付けておくべきだったことなどをたずねた。卒業生を受け入れた事業所に対しては,卒業生の離職状況や今の高校生に求めていることなどをたずねた。その結果,一般常識やマナー,コミュニケーション能力の重要性が明らかになった(秋田県教育庁,2007)。こうした追跡調査結果をもとに,秋田県では,その後のキャリア教育の事業が展開されることとなった(河合塾,2013)。

> PISA型学力
> コミュニケーション能力

> **Column 5** キャリア教育の評価目的

　本章では，キャリア教育の改善や発展のための評価について説明した。しかし，評価の目的はキャリア教育の改善や発展のためだけではない。近年，評価に関して"プログラム評価"が注目されている。プログラム評価は「特定の目的を持って設計・実施されるさまざまなレベルの介入活動およびその機能についての体系的査定であり，その結果が当該介入活動や機能に価値を付与するとともに，後の意思決定に有用な情報を収集・提示することを目的として行われる包括的な探究活動」と定義され，その目的が，①改善・発展のための評価以外に，②アカウンタビリティのための評価，③価値判断および意思決定のための評価，④知識習得のための評価，⑤宣伝活動のための評価などがある（安田・渡辺，2008）。そのうち，キャリア教育の評価において重要な視点となる②と③について説明する。

　②のアカウンタビリティとは，日本語で「説明責任」のことである。つまり，投入した資金や資源の援助者に対して，その資金や資源をどのように使用したのか，またどのような効果が得られたのかを十分に説明することである（安田，2011）。キャリア教育の実施においては，多くの税金が投入されている。そのため，効率的な運営ができているか，十分な効果が示されたのかについて，国民に説明できるだけの具体的なデータ収集が求められる。

　次に，③の価値判断および意思決定のための評価については，プログラムがプログラムの参加者にどのようなメリットがあるのか，そして，国や自治体にとってどのような社会的価値があるのかを統合して，プログラムの価値や今後の実施についての判断基準となる（安田，2011）。たとえば，参加者へのメリットは大きいがコストがかかりすぎるプログラムや社会的価値が示されないプログラムは，縮小や中止を検討しなければならない。反対に，プログラムの拡大が検討される場合もある。この視点をキャリア教育に照らして考えると，キャリア教育を実施するねらいは，「一人一人の社会的・職業的自立」（中央教育審議会，2011）である。そのため，キャリア教育の社会的価値を示すためには，学校から社会・職業へのスムーズな移行がなされ，児童生徒が社会的にも職業的にも自立することができているかを評価する必要がある。具体的な評価指標としては，就職率や早期退職率などがあげられる。

　キャリア教育の場合，コストに対して参加者のメリットや社会的価値が低いからといって，中止にすることは考えにくい。しかし，資源には限りがあるため，いかに効率的に効果を示すかという視点は忘れてはいけないだろう。キャリア教育は，まだ始まったばかりであり，その進め方や評価方法など検討すべき点は多くある。今後，キャリア教育の評価を蓄積しながら，よりよいキャリア教育の実現を推進していくことがますます期待される。

6章
キャリア教育の組織と推進

1. 学校教育におけるキャリア教育の目標：キャリアの多義性と，キャリア教育に関する誤解
2. 校内体制の充実とキャリア教育の推進
3. 学外資源の活用
4. 本章のまとめ

1. 学校教育におけるキャリア教育の目標：キャリアの多義性と，キャリア教育に関する誤解

キャリアの多義性

キャリアという言葉は，生活の中でさまざまな意味で使用される。たとえば，中央官庁の職員でキャリア組といえば国家公務員一種試験合格者をさす俗称であり，キャリアアップというと職業生活上で特定の資格や能力を身に付けて経歴を高める意味で用いられる。さらに，大学に設置されるキャリア支援課の主要な業務は就職支援である。キャリアという言葉はさまざまな文脈で用いられることから，キャリア教育についても多様な解釈がなされ多くの誤解が生じてきた（藤田，2014）。たとえば，「一部のエリート育成にかかわるもの」「たんなる卒業後の出口指導である」「インターンシップと同じ意味である」といった誤解があげられる。

中央教育審議会

キャリア教育を円滑に推進するためには，学校教育に携わる人たちがキャリアのとらえ方を一つにすることが求められる。本節においては，中央教育審議会（答申）「今後の学校におけるキャリア教育・職業教育の在り方について」（以下，中教審答申（2011）と記す）に基づき，キャリア教育の定義，目標に関する基本的なとらえ方を示す。（詳しくは，本書1章を参照）。

キャリア発達

まずキャリア教育とは，一人一人の社会的・職業的自立に向け，必要な基盤となる能力や態度を育て，社会の中で役割を果たしながら自分らしい生き方を実現（キャリア発達）することを促す教育である。キャリアは，発達段階や発達課題とかかわりながら段階を追って発達していくものであり，幼児期の教育から高等教育にいたるまでの体系的な教育が必要である。一貫した取り組みを実現させるためには，学校種間での連携や情報交換，キャリア教育の理念や方針の共有が必要である。国が教育施策としてキャリア教育を推進する目的として，①一人一人のキャリア発達や個人の自立を促す視点から学校教育の在り方を再構成するための理念と方向性を示すこと，②各学校段階で取り組むべき発達課題を明確化し日々の教育活動によって達成していくこと，③学校教育と社会生活や職業生活を結び関連付けることで，子どもたちの意欲や目的意識を喚

起し，学校教育が抱える様々な課題への対処に活路を開くことがあげられる。

2. 校内体制の充実とキャリア教育の推進

(1) 校内体制の整備

　キャリア教育の推進のためには，学校の目標や現状認識を教員間で共有し，協働・調整しながら組織的に運用していくための校内体制の整備が必要である。たとえば，『小学校　キャリア教育の手引き〈改訂版〉』（文部科学省，2011a）には，キャリア教育推進の手順例として，「①キャリア教育の視点を踏まえ，育てたい児童像を明確にする」「②学校教育目標，教育方針にキャリア教育を位置付ける」「③キャリア教育推進委員会（仮称）を設置する」「④教職員のキャリア教育についての共通理解を図る（校内研修）」「⑤キャリア教育の視点で教育課程を見直し，改善する」「⑥キャリア教育を実践する」「⑦家庭，地域に対しキャリア教育に関する啓発を図る」「⑧キャリア教育の評価を行い，その改善を図る」という8つのステップをあげている。

校内研修
教育課程

　とくに，キャリア教育の全体計画および年間指導計画の実施や評価，学校組織内での役割分担，学年間の連絡・調整，実践上の課題解決や改善を図るためには，関係教職員による組織づくりが必要である。そのためには，校種や学校の実態に合わせ，キャリア教育を推進するための校内委員会（キャリア教育推進委員会（仮称））やキャリア教育運営委員会を組織化する試みが有効である。小学校におけるキャリア教育推進委員会の構成例を図6-1に示す。

全体計画
年間指導計画

キャリア教育推進委員会
キャリア教育運営委員会

(2) キャリア教育の担当者

　校内でキャリア教育に関する活動の全体的な推進を円滑に行うには，キャリア教育推進委員会等，校務運営や教育活動全般とキャリア教育を調整する会議において，方針決定・計画策定・状況確認・改善策提案を校長と連携して行うことが求められる。キャリア教育の担当者には，キャリア教育を学校全体で組織的に推進し，さらには地域内で校種を超えてキャリア教育に関連した取り組みに向けて連携するなど，多様な取り組みの推進へと展開することも求めら

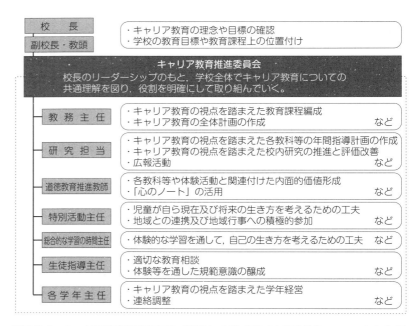

●図 6-1　キャリア教育推進委員会（仮称）の構成例（文部科学省，2011a より作成）

れる。

　キャリア教育の推進については特定の教職員のみで行うべきものではないことが，中教審答申（2011）に示されている。

> キャリア教育は特定の活動や指導方法に限定されるものではなく，様々な教育活動を通して実践される。キャリア教育は，一人一人の発達や社会人・職業人としての自立を促す視点から，変化する社会と学校教育との関係性を特に意識しつつ，学校教育を構成していくための理念と方向性を示すものである。
> 　　　　　　　　　　　　　　　　　　　　　　　（中教審答申，2011 より抜粋）

　キャリア教育は，個々の教科指導，学級（ホームルーム）活動，特別活動などあらゆる活動を通して実践される。キャリア教育を発達段階に応じて学年・学校種を超えて体系的に実施することにより，子どもたちの基礎的・汎用的能

力を育み，社会生活にいたる展望と希望を抱かせ，学校教育の意義を見いだしていくことが求められる。つまり，実践に関しては，キャリア教育担当者は，学校教育に携わるすべての教職員であるといえる。

> キャリア教育担当者

(3) キャリア教育の推進

キャリア教育は，必ずしも新規的で特別な活動ではない。むしろ，あらゆる既存の学校教育の中にあるキャリア教育の要素（断片）を有機的に関連づけ，各学校の教育課程に適切に位置づけ，計画性と体系性をもって展開することが求められる（文部科学省，2011a）。キャリア教育を有効に実践するためには，目標を明確にし，目標達成のための課題を設定し，学校の特色を生かして具体的実践を指導計画として打ち出す必要がある。

(4) 全体計画および年間指導計画の作成

学校全体で一貫してキャリア教育を推進するには，理念や方針を教職員で一つにしながら，目標を共有し，教育活動を計画的に見直すことが必要である。各学校のキャリア教育の目標設定は，地域・社会・子どもたちの実態を把握し，それに応じる形で明確化することが求められる。

学校の実情に合わせたキャリア教育目標を設定する際には，基礎的・汎用的能力が指針となる（本書1章を参照）。基礎的・汎用的能力とは，"分野や職種にかかわらず，社会的・職業的自立に向けて必要となる能力"であり，「人間関係・社会形成能力」「自己理解・自己管理能力」「課題対応能力」「キャリアプランニング能力」に整理される。子どもたちが，社会に出たときにより適応的に充実した生活を，自立して営むことができるよう，自校を卒業する時までにどのような力を身に付けることが求められるかについて，基礎的・汎用的能力を意識しながら，地域・社会・子どもたちの実態に即し，優先順位をつけて整理し「目指す姿」「付けさせたい力」を具体的に設定する必要がある。キャリア教育の目標は，全体計画，年間指導計画を作成することで具体化される。

> 基礎的・汎用的能力

①全体計画

全体計画とは，（子どもたちの）キャリア発達を促進するために，必要とされる諸能力を意図的，継続的に育成していくために，各学校における目標

> キャリア発達

や育成したい能力・態度，教育内容・方法，各教科等との関連等を示すものである。さらに，学校の特色や教育目標に基づいたキャリア教育を教育課程へ明確に位置づける役割をもつ。書式は，教育活動の基本的な在り方を内外にわかりやすく示すという趣旨から，できるだけ一枚の紙に収まるように工夫することが望ましい。また，盛り込まれた事項相互の関係が容易に把握できるよう，記述内容を簡潔にし，視覚的にレイアウトを工夫することが求められる（文部科学省，2011a）。具体的な作成手順は3章2(1)に示した通りであるが，その際，**国立教育政策研究所**が提供する手引きやパンフレット，資料が参考となる（章末に一部紹介）。さらには，各自治体の教育委員会が独自の様式やパンフレットを公表していることも多いので参考にすることができる（たとえば，兵庫県教育委員会事務局義務教育課ホームページ http://www.hyogo-c.ed.jp/~gimu-bo/career/career.htm）。

②年間指導計画

年間指導計画とは，全体計画によって示される目標や方針を，実際の教育活動の中に具現化したものである。キャリア教育は各学校の教育課程の中に適切に位置づけられ展開する必要がある。学習内容自体がキャリア教育と関連をもつ教科や活動もあれば，指導方法や（グループワークなど），学校生活への適応（ルールを守ることや，基本的な生活習慣など）などがキャリア教育的意義をもつ場合もある。各教科・道徳・外国語活動・**総合的な学習の時間**，および特別活動の学習指導要領におけるキャリア教育に関連する事項を再確認し，相互の関連性や系統性に留意したうえで有機的に関連づけ，子どもたちの発達の段階に応じて計画することが求められる。記載事項については，学校が定める教育目標や基礎的・汎用的能力を参考に柔軟に検討する必要がある。

学校がキャリア教育を推進する際に求められるのは，自校のキャリア教育目標を基軸として個別の教育活動を見直し，つなぎ合わせ，体系化することである。年間指導計画を参照しながら，学級（ホームルーム）活動や，総合的な学習の時間をはじめとして，各教育活動に含まれるキャリア教育の断片を，子どもたちの中で関連づけていく試みは有効である。各分掌・役職を担う教員がキャリア教育の年間指導計画案を検討し，議論を重ね改善を図り，

教員活動の疎通性を高め連携・共同，相互理解を促す効果も期待されている（3章2(2)参照）。

(5) PDCAサイクルによる改善

キャリア教育は子どもたちの過去・現在・未来を通じて，一貫して取り組まれるべきものであり単年度で完結するものではない。したがって，子どもたちの実態に応じて適宜修正を施しながら，実りある教育実践となるように，改善・点検していくことが求められる（本書5章を参照）。キャリア教育の改善・点検に関し，PDCAサイクルを意識した実践が推奨されている。PDCAサイクルとは，計画（Plan）し，実行（Do）し，評価（Check）し，改善（Act/Action）した事項をもとに，次なる計画を行うというサイクルを積み重ね，継続的に調整・改善を試みる手法である（図6-2）。

PDCAサイクル

校内組織の整備や全体計画および年間指導計画の作成は「計画（Plan）」，キャリア教育を体現する日々の教育活動は「実行（Do）」に関連する。そして，教育成果を事実に基づいて振り返るフェイズが「評価（Check）」である。「評価（Check）」は，経年的な改善の要となる。評価には，「無事に終えた」等実施そのものを活動実績とするアウトプット評価と，「子どもの具体的な成長」等活動によって得られた成果に基づくアウトカム評価が存在する。PDCAサイクルに求められるのはアウトカム評価である。アウトカム評価を行うためには，何をいつ，どのような基準に即して，どのように測定するのかをあらかじめ計画する必要がある。最後に，「改善（Action）」は，次年度以降の実施に向けて評価に基づき学校組織の運営体制の調整，教員研修の充実，指導目標および計画の修正，地域への活動啓発やネットワーキングなどさまざまな改善策を

アウトプット評価
アウトカム評価

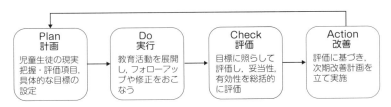

●図6-2 教育活動のPDCAサイクル（文部科学省, 2011b, p.47）

試行するフェイズである。PDCA サイクルの実際や具体例について，国立教育制作研究所が多くの資料を無償配布しているので，章末に一部紹介する。

3. 学外資源の活用

キャリア教育の推進には，学校外の人材による理解と協力が必須である。しかし地域社会とのかかわりを開拓することは教員にとって必ずしも容易ではない。そこで本節では，地域連携の多様な在り方について具体例を示す（表6-1）。

教育委員会 まず教育委員会に問い合わせることが有効である。すべての都道府県教育委員会は，キャリア教育担当の指導主事を配置している。2013（平成25）年6月に閣議決定された，第2期教育振興基本計画(2013〜2017[平成25〜29]年度)は，キャリア教育と同じ"社会的・職業的自立に向けた能力・態度の育成"を目標の一つに掲げており，学校が地域ネットワークを充実させるための支援体制が拡充されてきている。さらに文部科学省は，市町村教育委員会をはじめとする地方自治体や地域の経済団体が核となり，学校等の教育機関・産業界，NPO，地方自治体が参画する地域キャリア教育支援協議会の設置を促すための，『地域キャリア教育支援協議会設置促進事業』を2013（平成25）年度から推進している。この事業により，たとえば企業等による出前授業等の促進や，職場体験・インターンシップ受け入れ先の開拓，マッチング等の支援など，学校教育におけるキャリア教育の推進が期待される。教育委員会は，このような教育施策，地域，学校をつなぐ重要な役割を担っている。

第2期教育振興基本計画

NPO
地域キャリア教育支援協議会

職場体験 インターンシップ

また，商工労働部や地方経済産業局などに問い合わせることで協力が得られ

●表6-1　地域連携の開拓の相談機関例

都道府県　教育委員会
・キャリア担当の指導主事
市町村教育委員会
都道府県　商工労働部
地方経済産業局（全国8か所）
その他の地域連携
・保護者，PTA
・キャリア教育コーディネーター
・大学等，高等教育機関

る場合もある。産業界において，企業の社会的責任（CSR）を果たすための活動の一環として学校教育のサポートを打ち出す企業は増加傾向にある。文部科学省のホームページ内に，「子どもと社会の架け橋となるポータルサイト（http://kakehashi.mext.go.jp/）」が設置されており，学外講師の派遣やインターンシップ先の開拓に利用可能である。

　保護者の協力を得ることも有効である。両親の仕事へのインタビュー，家事手伝いなどさまざまな協力が想定される。また，キャリア教育コーディネーターの活用なども検討可能である。キャリア教育コーディネーターは，経済産業省によるキャリア教育支援事業の一環であり，地域社会や産業界が有するさまざまな教育資源と学校を結びつけ，学校において子どもたちが社会に触れることができる学びの場を提供することで，子どもの社会的自立を支援し，学校の学びの中で地域一体となったキャリア教育の実現を促す教育支援人材である。その他，各大学が提供する出前講座等，高等教育機関に相談することも可能である。

　学外資源の活用にあたり留意すべき点は，学外資源の活用の目的やねらいを学校の内外に全体計画に準じて明確化し明示することと，事前・事後指導を充実させ，アウトカム評価とフォローアップを意識した計画実施であるといえる。

企業の社会的責任（CSR）

キャリア教育コーディネーター

教育資源

4. 本章のまとめ

　本章では，キャリア教育を円滑に推進するために学校教育に求められる事項について整理した。第1に，キャリア教育の理念と目的について，教職員や子どもたち，家庭や地域社会が認識を一つにする必要がある。第2に，校内の推進体制の整備を行うこと，全体計画，年間指導計画を適切に教育課程の中に位置づけることが求められる。第3に，PDCAサイクルに基づいて定期的にアウトカム評価を見直し，学校全体で体系的・継続的に改善していく試みが求められる。最後に学校が地域社会と連携していくための支援体制が整いつつある現在において学校に求められる役割は，学外資源を活用する目的やねらいを明確化し関係機関に明示することと，事前・事後指導を充実させアウトカム評価とフォローアップを意識した計画を実施するように努めることであるといえる。

参考資料の紹介

○国立教育政策研究所　生徒指導・進路指導研究センター「キャリア教育」資料集　研究・報告書・手引編（平成 26 年度版）

http://www.nier.go.jp/shido/centerhp/26career_shiryoushu/index.html

　このサイトでは，文部科学省や国立教育政策研究所が発刊した膨大な資料が無料提供されている。この中から本章で取り上げ，とくに重要だと思われる資料について，抜粋し紹介する。

・中央教育審議会答申「今後の学校におけるキャリア教育・職業教育の在り方について」⇒本章で主に取り上げた，中教審答申（2011）の全文
・「キャリア教育を創る―学校の特色を生かして実践するキャリア教育」⇒ PDCA サイクルに基づくキャリア教育推進，全体計画の作成に関する説明
・「キャリア教育に関わる諸能力の育成に関する調査研究報告書」（平成 23 年 3 月）⇒基礎的・汎用的能力や PDCA サイクルに関する詳細な解説
・「キャリア教育をデザインする―今ある教育活動を生かしたキャリア教育」⇒年間指導計画についての説明，キャリア教育実践の基本的な方向性
・「小学校・中学校・高等学校学習指導要領関係資料」⇒詳細な学習指導要領と，キャリア教育との関係について
・「キャリア教育・進路指導に関する総合的実態調査　子供たちの「看取り」と教育活動の「点検」〜キャリア教育を一歩進める評価〜」⇒教育現場から寄せられる評価に関する疑問について

○文部科学省ホームページ内　先生応援ページ 1（手引き・パンフレット等）

http://www.mext.go.jp/a_menu/shotou/career/detail/1312372.htm

　各学校種のキャリア教育の手引きのフルバージョンを無料提供している。

※以上の web サイトを参照するには，直接 URL を入力する方法もあるが，ネット上の検索サイトや文部科学省のホームページ上の検索機能で関連するキーワードにより検索する方法が簡便である。

Column 6　トライやる・ウィーク：兵庫県の実践

　兵庫県では，1998（平成10）年度より公立中学校および県立中等教育学校前期課程2年生の生徒全員を対象として，「トライやる・ウィーク」と呼ばれる1週間の地域における体験学習を実施している。2014［平成26］年度においては，362校，4万8,045名の生徒が，1万7,318の活動場所で，2万2,517名のボランティアに指導を受けながら，職場体験活動（83.8％），ボランティア・福祉体験活動（8.3％），文化・芸術体験活動（3.4％），農林水産体験活動（2.2％），その他の活動（2.2％）を行った。

　トライやる・ウィークの名称は，「挑戦する：トライ」と「学校・家庭・地域の三者：トライアングル」の意味が込められている。創生期から一貫して「地域の子どもは地域が育てる」という理念のもと，教育支援システムの活性化によるコミュニティの構築という姿勢を貫いている。実質的な運用に関しても，知事，教育長，兵庫県防犯協議会連合会，民政児童委員連合会，日本労働組合総連合会兵庫県連合，兵庫県商店連合会51団体代表によって構成される県の推進協議会，市町教育長，連合自治会長，社会教育関係団体代表，商工会代表，ボランティア代表，校・園長代表等によって構成される市町の推進協議会，さらに各学校区の中学校長，PTA，地域団体代表，事務所代表等から構成される推進委員会が，活動の受け入れ先や指導ボランティアの確保を強力にバックアップする体制が確立している。さらに，必要経費に関して県の教育委員会レベルで規定を設け交付し，万が一に備えて総合保障制度を確立し，さらには実施運用に必要な書類様式一式について，フォーマットを配布している。この活動において，学校は，個々の生徒に寄り添い，活動の目的を明確化し，生徒の希望を踏まえながら推進委員会に依頼，調整する役割を担う。また，各学校の実態に応じ，年間指導計画の中で特別活動等においてトライやる・ウィークを位置づけて，より実りある教育活動となるように展開している。

　トライやる・ウィークは，1995（平成7）年の阪神・淡路大震災，1997（平成9）年の神戸市須磨区で起きた中学生による殺傷事件を背景に，「心の教育の充実」を目的としてスタートした。教育行政において初めてキャリア教育という言葉が使われたのは1999（平成11）年，5日間以上の職場体験やインターンシップの必要性が指摘され始めたのは2004（平成16）年の「若者の自立・挑戦のためのアクションプラン」であることからも，1998年からスタートしたこの活動が，あらゆる意味でいかにトライするものであったかが推し量られる。この活動は地域に深く息づいており，地域の文化伝承，企業のイメージアップや後継者の開拓，開かれた学校づくり等，多くの点で成果を生み出している。

7章
キャリア・カウンセリングの理論と方法

1. キャリア・カウンセリングの歴史的経緯と定義
2. カウンセリングの基礎理論
3. キャリア・ガイダンスの理論と実践
4. キャリア・カウンセリングの方法

1. キャリア・カウンセリングの歴史的経緯と定義

キャリア・カウンセリングは，キャリア教育において，児童生徒の生涯にわたる成長の方向づけに重要な役割を果たす。狭義には，進路選択のために行うカウンセリング（相談・面接）とされているが，広義においては，ひとが「自らの人生におけるさまざまな選択をいかに賢明に行い，どのような生き方を選び取るか」という重要な課題を克服する際に，それを支える者が有効にかかわるための支援方法の一つといえる。本章ではそれらの理論と方法を概観する。

キャリア・カウンセリング

(1) キャリア・カウンセリングのこれまで

キャリア・カウンセリングはアメリカで 1890 年代から段階的に変化したとされている（Pope, 2000）。まず産業の発展に伴い進路指導の必要性が唱えられ，初等・中等教育から，後には大学にまでガイダンスが展開され，キャリアにかかわるガイダンス・カウンセラーの養成プログラムが拡大した。1960 年代以降，キャリアは限定的な職業選択から，生き方の選択へと徐々に変化し，1980 年代以降は IT 化への対応が始められる一方，個人で開業し，キャリア・カウンセリングを行うカウンセラーも出始めた。1990 年代以降は IT のさらなる進展と，「学校からキャリアへの移行」の対応が求められ（Zunker, 2012），今日では，かつてカウンセラーが個別対応していたキャリア探索への ICT の活用など，多様化している。現在キャリア教育の基本概念は，わが国も含め多くの国で，生き方にかかわる方針の獲得を具体化する活動へと転換している（14 章参照）。

ガイダンス・カウンセラー

(2) キャリア・カウンセリングとは

キャリア・カウンセリングは，心理学の応用分野であるカウンセリング心理学に基づき，その起源は 1900 年代のアメリカの職業指導に遡る。定義は国内外で諸説あるが，ここでは表 7-1 に関連用語を整理し，以下に基づくこととする。「学校におけるキャリア・カウンセリングは，子どもたち一人一人の生き方や進路，教科・科目等の選択に関する悩みや迷いなどを受け止め，自己の可能性や適性についての自覚を深めたり，適切な情報を提供したりしながら，子

◉表7-1　学校教育とキャリア教育におけるガイダンスとカウンセリングの関係

	ガイダンス	カウンセリング
学校教育	生徒指導：児童生徒の人格を尊重し個性を伸ばしつつ社会的資質や行動力を高める	教育相談：学校適応と人格の成長を図り個人の悩みや困難の解決を援助する
キャリア教育	キャリア・ガイダンス：進路や行き方に関する指針や助言を，主に学年・学級などに向けて行う	キャリア・カウンセリング：社会的・職業的自立を目指し個人が悩みや課題を克服し，よりよい成長を促進させるのを援助する

どもたちが自らの意思と責任で進路を選択することができるようにするための，個別またはグループ別に行う指導援助である」（文部科学省，2004）。

　学校では，学校適応と人格の成長を図り個人の悩みや困難の解決を援助する活動として「教育相談」が行われ，学齢期のカウンセリングとほぼ同意と位置づけられている。また，一人一人の児童生徒の人格を尊重し，個性を伸ばしつつ社会的資質や行動力を高めようとする「生徒指導」とも相補的に活用されている（文部科学省，2010）。よってキャリア・カウンセリングは，この教育相談とも共通した手法をとりながら，社会的・職業的自立を目指し，児童生徒が自らを生かし，将来に向け豊かに人生を歩めるような選択をするための活動といえる。その結果として，個々の成長が促進され，かつキャリア探索や将来的なキャリア遂行上の課題を克服することができるようになるのである。

社会的・職業的自立

2. カウンセリングの基礎理論

　カウンセリングというと，学校では自治体から派遣された臨床心理士等が務めるスクール・カウンセラーが行う面談などのことをいい，「心理相談」というイメージが強いのではないだろうか。これは臨床心理学・精神医学領域の課題を抱えた個人の回復に向けた援助によるものである。しかしカウンセリング成立の背景には，職業相談・教育測定・精神衛生のための面接方法として発展してきた経緯がある（表7-2）。治療的アプローチも行われるが，カウンセリングは本来，アイデンティティ（自我同一性）の確立に向け，人がよりよく生きるため，社会適応と成長・自立に寄与する援助関係なのである。以下にキャ

カウンセリング
スクール・カウンセラー

アイデンティティ（自我同一性）

● 表 7-2　米国におけるキャリア・カウンセリングの起源

運動	職業相談運動	教育測定運動	精神衛生運動
時期	1908 年	1916 年	1909 年
主要人物	パーソンズ	ビネー	ビアーズ，ウィリアムソン
概要	高校卒業者の進路指導，個人と職業の結合	知能検査の学校教育への適用，適性診断	適応相談，相談者の心理理解に基づく治療

リア・カウンセリングに用いられている主要なアプローチを示す。

(1) 精神力動的カウンセリング

　精神力動的カウンセリングは，内的欲求や家族的背景を踏まえた精神分析の理論に基づいている。ボーディン（Bordin, E. S.）は，職業選択を個人の精神力学に基づく機能であるとして，職業的活動を自己の欲求の満足や不安回避の行動とした。心理学的技法により，幼少期の葛藤などを無意識から顕在化させることで，依存性を克服して問題解決に向かうことができるようになると述べた。

(2) クライエント中心的カウンセリング

来談者中心療法

指示的カウンセリング

非指示的カウンセリング
クライエント中心的カウンセリング
受容的態度
共感的理解

自己一致

　ロジャーズ（Rogers, C. R.）は，他者の指示でなくクライエント自らの適応や成長の能力を尊重し，主体性と自発性を引き出すことが重要であるとし，来談者中心療法を提唱した。ロジャーズは「人は良い方向に自分を導こうとする実現化傾向をもつ」という人間観に基づき，当時行われていた指示的カウンセリングによる行動変容は，クライエント自らの人格的成長を抑制しかねないとして，非指示的カウンセリングを示した。主に健常者に向けて行われるアプローチはクライエント中心的カウンセリングとされ，その中で，援助者はあるがままを受け入れるという受容的態度でかかわることで主体性と自発性を引き出すのが役割であり，クライエントは共感的理解が得られる体験から，自らの問題を受容し，自己一致にいたり，解決へ向かうことができるとしている。

(3) 特性因子論的カウンセリング

特性因子論的カウンセリング

　パーソンズ（Parsons, F.）による職業選択や就職のアドバイスなどの職業指

● 表 7-3　ウィリアムソンのキャリア・カウンセリング

①分析	当事者および問題の情報収集	
②総合	情報整理・系統化による総合的理解	
③診断	課題の性質と原因の把握	
④予診	問題の展開・相談経過や効果予測	
⑤相談	問題解決を図るための指示・助言	
⑥追指導	診断・予診の適否，相談効果検討	

導を，カウンセリングとしてウィリアムソン（Williamson, E. G.）が定式化させた（表7-3）。人がもつ合理的問題解決能力とそれに基づく行動を予測可能なものととらえ，個人のもつ特性と進路のもつ要因の「マッチング」であるとした（2章参照）。加えて，心理検査等の客観的・科学的手法で得られた結果（人の特性）を用いた指示・助言を行うことが合理的意思決定を促進させるとした。

(4) 行動論的カウンセリング

人の不適応は，なんらかの未学習・誤学習があることによるものであるとする。学習理論を踏まえ，行動（論的）カウンセリングでは，カウンセリングの過程を刺激と反応の単位と位置づけている。よって援助方法は，不適切な行動を学習によって解除すること・適切な行動を学習・強化することなどにより行われる。

行動（論的）カウンセリング

(5) 開発的カウンセリング

カウンセリングは，健常なクライエントの成長に寄与するものであるが，とりわけ開発的カウンセリングは，困難に陥るのを回避する予防的機能と，よりよく成長するための開発的機能を理論の中核に位置づけている。測定・情報提供・激励・計画立案・分析・解釈・明確化・承認・発達の過程からなるとされ（Blocher, 1966/ 神保・中西訳, 1972），教育現場への汎用性も高いモデルである。

開発的カウンセリング

(6) 折衷的カウンセリング

明確なカウンセリングのモデルや立場だけに基づくのではなく，クライエントや課題に応じ，カウンセリングのアプローチを変えて対処する援助スタイル

折衷的カウンセリング

である。1940年代中盤以降，ロジャーズらによる非指示的カウンセリングと指示的カウンセリングの有効性に対する議論が契機となり，双方の活用を提案するものであった。後にアイヴィら（Ivey, A. E. & Ivey, M. B.）のマイクロカウンセリング（アイヴィ，A. E.／福原ら訳，1985）が示されたが，統合的・折衷的アプローチを総称するものの例である。

> マイクロカウンセリング

これらは，キャリア・カウンセリングの技法の基礎となるものであり，それぞれの理論を踏まえることは重要である。そのうえで，実際には，どれか一つのアプローチに固執せず，相手のニーズ等に合わせて活用されることが多い。

3. キャリア・ガイダンスの理論と実践

(1) キャリア・ガイダンス理論

1900年代後半のアメリカのカウンセリングとガイダンスの領域では，「職業」と「キャリア」がほぼ同意とされていたが，スーパー（Super, D. E.）らを中心に1951年全米職業指導協会により「職業指導の再定義」が行われた。職業指導はキャリア・ガイダンスと呼ばれ，就職支援だけでなく人生の生き方，自己概念の実現，社会貢献の支援へと多様化・高度化した（Herr & Cramer, 1988）。現在でも国・地域による差が大きいが，わが国でも生き方の選択と意味づけられている（表7-4）。

> キャリア・ガイダンス

基本的なキャリア・ガイダンスの理論は次の6段階によるとされている。学

●表7-4 発達段階によるキャリア課題（文部科学省，2011）

幼児期	自発的・主体的な活動を促す
小学校	社会性，自主性・自立性，関心・意欲等を涵養する
中学校	自らの役割や将来の生き方・働き方等を考えさせ，目標を立てて計画的に取り組む態度を育成し，進路の選択・決定に導く
後期中等教育（高等学校，高等専門学校）	生涯にわたるキャリア形成に必要な能力や態度の育成と，これを通じた勤労観・職業観等の価値観の形成・確立を目標とする
特別支援教育	個々の障害の状態に応じたきめ細かい指導・支援の下で行う
高等教育	初等中等教育を基礎に，学校から社会・職業への移行を見据え，教育課程の内外での学習や活動を通じ，キャリア教育の充実を目指す

校では，キャリア教育担当者を中心に，これらの研修が組まれているとよい。

①自己理解：進路や職業，キャリア形成に関して自分自身を理解する
②職業理解：進路や職業，キャリアの道筋の種類と内容を理解する
③啓発的な経験：職場体験等を通じ，選択・意志決定の前に実際に経験する
④カウンセリング：進路や職業，キャリアに関して相談をすること
⑤方策の実行：進学，就職，キャリア選択の変更等を意志決定し，実行する
⑥追指導：選択した進路，職業，キャリアの道筋の中で適応し，向上させる

(2) キャリア・カウンセリングにおけるアセスメント

アセスメントとは，「実態把握」ともいわれ，興味や志向性・性格特性・価値観をみるものもあれば，どのような適正があるかなどの能力の把握も含まれる（表7-5）。専用ツールを用い，時間をかけて実施するフォーマルなアセスメントもある一方，日常的かかわりや教育評価を活用することによって，対象者に大きな負担を与えることなく実施できるインフォーマルなアセスメントも活用する必要がある。さらにキャリア・カウンセリングでは，クライエントの特性や志向性などを踏まえ，課題や成長に対する予測も，児童生徒など相手のアセスメント結果やかかわり経験から得られた印象を統合して判断することが必要であり，教員間の共通認識の形成が必須となる。

加えて，アセスメントにおいて重要なのは，たんなる結果の把握だけでなく，それを十分に活用できるよう読みこなしたのち，活用のための計画を立て，最適な援助を構想することである。しかし実際には多くの児童生徒の変化を逐次

●表7-5 キャリア適性の構成要素

				アセスメントツール例
キャリア適性	パーソナリティ	興味・志向性	自分は何が好きか どのような仕事がしたいのか	・VIP職業興味調査 ・職業レディネステスト
		性格特性	自分はどんな性格か どんな状況で反応するか	・桂式自己成長エゴグラム ・YG性格検査
		価値観	自分には何が重要か 何に価値を見いだすのか	・キャリアインサイト ・キャリアアンカー
	能力	適性	自分は何が得意か どんな仕事に向いているのか	・厚生労働省編一般職業適性検査（GATB）
		知識・技能	過去・現在の経験から，自分の強み弱みは何か	・教育現場における評価資料など

把握するのは大変困難である。そうした成長や変化およびそのレベルを図るためには，個人のポートフォリオなど，個別化された整理手法の併用が有効である。

(3) キャリア・カウンセリングやガイダンスにおける自己理解の促進

キャリア発達

ガイダンスツール

キャリア発達を促進するかかわりでは，個人の力量を把握することが重要となる。キャリア・カウンセリングは，そもそも教育測定運動が起源の一つであり，自己理解の促進は重要な事項である。これにはガイダンスツール（表7-6）が用いられ，初等教育（小学校）・中等教育（中学校・高等学校）・高等教育（大学・専門学校等）・一般に活用され，パーソナリティや能力・適性を把握する。

●表7-6　アセスメントツールおよびアセスメントを含むガイダンスツール（室山，2008より作成）

		初版発行	最新改訂版	利用想定年齢	備考（特徴・測定内容）
紙筆検査タイプ	厚生労働省編一般職業適性検査，進路指導・職業指導用（紙筆検査）：GATB	1952	1995	13歳～45歳未満	9個の適性能（試筆検査では7個）
	職業レディネス・テスト：VRT	1972	2006	中学生 高校生	職業レディネス（職業志向性，基礎的志向性）
	VPI職業興味検査：VPI	1985	2002	高校卒業以上	職業興味の6領域，5つの傾向尺度
作業検査タイプ	厚生労働省編一般職業適性検査（器具検査）	1952	1995	13～45歳未満	9個の適性能（器具検査では2個）
PCベース(CD-ROM)媒体	キャリア・インサイト	2001	2004	18～34歳未満	適性評価を中心としたガイダンス・システム
	キャリア・インサイトMC (Mid Career)	2007	2007	35～69歳未満	適性評価を中心としたガイダンス・システム
	職業ハンドブックOHBY	2002	2002	主に中学生，高校生	適性評価を中心としたガイダンス・システム
インターネット	キャリア・マトリックス	2006	2006	特に限定はないが高校生以下にはやや難しい	総合的職業情報データベース

キャリア・カウンセリングは，それぞれの児童生徒個々の実態に沿う支援の実施を基本とするきわめて個別的な支援である。しかし現実にはすべての支援を個々に行うことは容易ではないばかりか，集団での学びによる相互の学習の深まりや学び合いの効果を活用することができない。キャリア・ガイダンスは，キャリア・カウンセリングをより効率的に行うための有効な教育活動である。

4. キャリア・カウンセリングの方法

(1) キャリア・カウンセリングの基本的態度

　キャリア・カウンセリングは，究極的には自らの生き方を選び取ることを支える援助であり，個別の視点をもつことは必須である。そして時間の確保が困難な中でも，教師ならば日常的かかわりで支援を行うことが可能である。カウンセリングは，主に健常な者が，悩みなどの解決に行う相談活動である（渡辺，2002）。よって教育相談として教師が学校現場で児童生徒に相談活動を行う場合，時間・場所・目標を定めて行う相談だけでなく，カウンセリングマインドでカウンセリングの視点や機能を生かし，学級においても日常生活のさまざまな機会に，児童生徒と接することが有効である。

カウンセリングマインド

(2) 各学齢期でのキャリア・カウンセリング

　学齢期に行うキャリア・カウンセリングは，年齢が早期であるほど，日常的なかかわりの中で行われることが多いのではないだろうか。一方，学齢期には多くの学びの時間が活用できることから，継続就業や断続就業といった働き方の特徴を示すキャリアパターンの具体例を見るなど多様なキャリアの選択肢を学ぶことも，のちのキャリア・カウンセリングの手がかりとなる。

キャリアパターン

①小学校でのキャリア・カウンセリング

　　子どものキャリア教育でも，基盤となる資質能力を高める段階とされる小学校段階では，キャリア・カウンセリングの時間を確保することは少ない。むしろ日常生活で，児童が自分の好きなことに気づくことや，自分の得意なことで，彼らの社会である学級などに貢献できることを経験できるよう，学

校や家庭でのさまざまな活動に工夫を盛り込むことが重要である。教師の立場であれば，どう問いかけるか，どう意味づけるかという点で支援できることも多いのではないだろうか。

②中学校でのキャリア・カウンセリング

アイデンティティが形成され自己概念が豊かになる思春期・青年期には，さまざまな心身の変化を経験し，このモラトリアムと呼ばれる心理・社会的な猶予期間に陥る。そこから発達課題を克服するために葛藤し，試行錯誤をくり返し，心理社会的危機を経一人ひとり異なる社会的存在としてのアイデンティティを確立する。一方，猶予期間を克服することができず，無気力な状態が長期化するとひきこもりなどの社会的に不健康な状態に陥りかねない。

　　　生徒の多くが進路について初めて考えるのが，義務教育からの移行期である。中学校でのキャリア・カウンセリングは，進路指導のみならず，日常的な交流や定例の教育相談などの機会に，次の段階で何を身に付け，それをどう発展させていきたいのかを考えながら方向づけをすることである。そうした経験があることで，高校などに進んだ際に自らの方向性を見失うことを回避できる可能性が高い。言いかえると，義務教育を終える時点での自身の将来の職業への興味に基づき，その職業や社会的役割に至るまでに必要な教育が何であるかを個々の生徒が概観することは，学びとキャリアの接続にも有効な活動となる。

③高等学校でのキャリア・カウンセリング

　　　ものごとを考える力の深化に伴い，進路についてより深く，また個別的に考える時間が増えてくる。職業の三要素（経済性・社会性・個人性）といった学習も理解が促進されやすい時期である。進路面談等では個々の将来に向けたビジョンとその具体化を図る。また，折に触れ，自分の希望・興味と社会における役割の接点，苦手なことなどのさまざまなことを，授業や学校行事などの機会に考えられるような問いかけと傾聴を行うことが重要である。

　　　総じて，キャリア・カウンセリングは，進路相談や，キャリア形成に向けた視点を育む場面や問いかけの中で行われる。優れた教師・保護者・適応援助の専門家には，自然に行えることかもしれないが，すべての子どもに「サービス」を行き渡らせるためには，こうした取り組みを意図的に活用することも，現在

［欄外用語］
モラトリアム
心理社会的危機
ひきこもり
職業の三要素
進路相談

の学校では必要である。加えて「問題がないと相談しにくい」という者も多い中，進路相談は，相談する側がポジティブな行動と認識しやすい活動とも言える。その際は，学級担任など教師の役割を明らかにしたうえで，学校適応援助としてのスクール・カウンセラー，福祉的支援の情報をもつソーシャルワーカーなどの援助資源も活用したい。そして豊かに生きる社会人の育成のため，ライフ・キャリア・レインボーが示す人生の役割（子ども・学生・職業人・配偶者・家庭人・親・余暇人・市民）を果たせる社会人となるよう，ワーク・ライフバランスのとれた生活を送ることの重要性も伝える必要がある。

　学齢期やそれ以降のキャリア発達の途上で困難に出合うと，ストレスを抱えることもあり，進路選択や，職業選択および職行遂行に関して検討するためのキャリア相談が必要となる。たとえば，教師志望の学生なら，さまざまな課題や実習・試験の準備がストレスを引き起こす可能性のあるもの（ストレッサー）であり，不眠や食欲不振などの身体面や緊張感や不安感などのストレスが表れるかもしれない。しかしストレスは個人差があり，認知次第でストレスの大小やかかる負荷は異なる。そこで自己理解の一環として，自分が影響されやすいストレッサーや，自分に有効な対処方法としてのストレスコーピングを学習しておくことは有効である。そして，ストレスを抱えた際，自身の不安について話すことや，適切な準備や対処を行うことで不安が軽減することも多い。ストレスマネジメントは，自己理解に基づく適切なストレスコーピングを行い，深刻な問題に陥ることを避けることであり，キャリア・カウンセリングが役立つ領域である。

> ソーシャルワーカー
> ライフ・キャリア・レインボー
> ストレス
> キャリア相談
> ストレッサー
> ストレスマネジメント
> ストレスコーピング

(3) 教育的ニーズを踏まえたキャリア・カウンセリング

　キャリア形成の支援では，児童生徒の学習面・心理・社会面の視点をもつ必要がある。すべての児童生徒のキャリア発達の促進には，多様な教育的ニーズをもつ児童生徒への対応も欠かせない。「個別の教育指導計画」は，実のところキャリア・カウンセリングと共通した概念のものとも言える。なぜならば，いずれも児童生徒が将来に向け，自らがもつ希望（願いや好みなど）と強みと，学齢期以降の活動の接続という視点を必要とするからである。教育的ニーズがある児童生徒のキャリア・カウンセリングには，本人の能力特性に関する情報

(知能検査や学力検査の結果など)と,ガイダンスツールの活用が必要であろう。さらに,教育援助やキャリア情報を得るため,専門家に支援方針の助言を得ることも必要である。しかし,根底にある,個々の能力に合わせた自己理解や,生涯にわたる自己実現の促進は,すべての児童生徒に通じるのではなかろうか。

　本章ではキャリア発達を促進させる方法としてのキャリア・カウンセリングについて概観した。社会の変化に伴い,キャリアの選択や遂行の在り方も変遷している。人生における危機予防に配慮し,学齢期終了までに,キャリアへの適応と継続に加え,キャリア相談ニーズに備え,危機への対処力を獲得できるようにすることも,重要な課題である。

Column 7　キャリア教育と保護者の役割

　キャリア・カウンセリングは，豊かな生き方を選び取ることを支える方途であるが，キャリア発達の導入段階である学齢期初期の子どもが好ましいスタートをきるために，すべての保護者を対象に行われているアメリカの取り組みを紹介する。

　キャリア発達を支える保護者の支援力を高めるための集団的アプローチが行われているのは，カリフォルニア州中部の地域である。移民も多く，社会福祉援助の受給者も少なくないこの地域では，キャリア教育は必須だが適切なロールモデルが不在の家庭も多い。そこで管理職は，どのような経歴の保護者も一定以上のキャリア支援が行えるよう，保護者の役割を子どもの成長に沿って示した「子どもの将来のためのロードマップ」を作成した（84-85頁）。子どもが幼稚園を終える段階から大学入学までの間に保護者が行う支援を明示している。学習目標を示し，その時期に家庭ですべき学習援助（宿題などについての声かけ）・キャリア志向性を促進させる問いかけ（「大人になったら何になりたい？」）・経済的支援の準備（つまり学資貯金）などである。保護者の学歴や出身がいかにあろうとも，自国を支える子どもの教育において保護者は重要なパートナーであり，支援者であることを踏まえた取り組みを行うことも，有効な方途なのではないだろうか。

　この保護者支援は，子どもを取り巻く支援者として保護者を支え，中等教育段階では，高大連携プログラムへと引き継がれ，子ども本人が自ら成長できるような自助力をつける支援へとすすむ。具体的には家族に大学進学者がいない場合も，保護者がアメリカの教育システムを経ていない場合も，一定のロールモデルを獲得できる仕組みがあり，大学進学およびその後にいたるまでを支えている。

●表 子どもの将来のためのロードマップ（全ての子どもがよりよいキャリア発達を遂げるためのツール例）（独立行政法人教員研修センター，2013 より作成）

[保護者支援の意味づけ]		就学前（幼稚園）	小学校1～3年生	小学校4～6年生
すべては家庭から始まります！ 趣旨説明と概要	子どもがすべきこと	子どもは毎日新しいことを学びます！ 学習目標－保育園 □すべての大文字，小文字が読める □20までの数字がわかり，数えられる □自分の名前が書ける □友だちを作り，指示に従うことができる 学習目標－幼稚園 □文字の音を発音できる □簡単な文章を読める □30までの数字がわかり，数えられる	大きくなったら何になりたいの？ 大学は，子どもが目指す職業に就くのに役立ちます 親が子どもの頃の夢を語りましょう 夢に向かい，教育で成功を収めるための大切なスキルがあることが伝わります 学習目標 □自立した読書家になる ・算数　1，2学年 □足し算と引き算を覚える ・算数　3学年 □掛け算を覚える	学習習慣が形成されます。良い習慣を身につけましょう 小学校後半の3年間がとても大切であることを子どもに説明してください。この3年間は，中学，高校への準備期間です。良い習慣を身につけ，維持しましょう 学習目標 □授業から遅れているなら，追いついて！ □読書は学習の中で最も大切です □子どもが，身の回りの整理，準備を学ぶよう援助します
	保護者のすべきこと	子どもの学習や毎日の学校生活に関心をもち，学校のことを尋ねてください ・今日は何を学んだの？ ・好きな本は？ ・どんな良い質問をしたの？ 小さなことで大きな違いが出ます。 ・寝る時間を決める ・着替えて学校の準備をする習慣をつくる ・本を読み聞かせをする 大学の学費準備を始めましょう	親のための宿題 読書 ・毎日20分以上読書をする ・読書の時間を決める 算数 ・算数の練習をする点でのアイデアを子どもの担任の先生に相談する ・質問や気掛かりな点があったり，読書や算数に苦労していたり，気落ちしているなら，すぐに対処してください 学校行事や保護者懇談会に参加しましょう	日常生活の構造化 ・毎日の宿題の時間を定める ・家の中で勉強のための場所を提供する ・宿題の期限を知り，子どもに宿題を期限内に提出させるようにする ・成績表を見てください 物事を組織することを学び，維持する ・週に最低1回は子どもの予定表を確認します 大学のための貯蓄計画を立て，実行しましょう

7章 キャリア・カウンセリングの理論と方法

中学1・2年生	中学3年～高校2年生	高校3年生	大学
子どもは成長し，大切な変化・移行を経験しています！ 生徒は，宿題やテスト勉強に毎晩時間を費やすべきです。中学・高校段階では，複数ページの家庭学習が必要です。子どもが授業に遅れたら学校に相談してください **家庭，学校以外の関わり** ・子どもがどこで，誰と一緒にいるかを把握してください ・10代の若者にとって反抗期は自然なことです。毅然とし，公平に対処してください	**大学に入るための大切な時期** この期間は，チェックリストの内容より，両親が子どもと共にいること，子どもを援助し，その進歩を記録し，必要な支援を与えることが大切な時期です この時期を有意義に過ごすことは，子どもを大学生活に備えさせる点で非常に大切です。高校3年生になる前にすべき事柄があることを強調しましょう	**卒業し，大学へエネルギーを維持しましょう** 成績を維持しましょう！大学準備のセミナー等に参加しましょう。それが大学生活への良い準備となります **ストレスの多い，時としてヤマ場となる時期** 子どもがストレスに対処できるよう援助してください。ある程度の息抜きも大切です **決定の時期** どの大学へ入学を志願しますか？子どもにとって何が適切ですか？	**大学入学おめでとうございます！** 次の目標は大学生活を経て卒業することです。子どもは大学生になっても支援が必要です **気落ちしない** 大学の勉強は大変です。援助を求めるよう子どもに勧めましょう大変な時期にはグループ学習も有効です。大学の学習支援センターで援助を得たり図書館を活用したりできます
学業は子どもの最も大切な仕事 ・宿題，成績表，進歩報告の記録を継続的に整理します ・コンピューターや携帯電話の使用を確認してください **大学という将来** 子どもに再度尋ねてください 将来何になりたいの？その職業に就くために最も適した大学はどこ？子どもとともにさまざまな大学について調査を始めてください 子どものための貯蓄計画を進めてください	**学業は大変な仕事** 教育，卒業，大学進学を家族の責任と考えてください。子どもにはあなたの情緒的サポートが必要です ・成功した時，何かを達成した時はお祝いしましょう。心配事・苦労を理解しましょう **進学計画を立てる時** 進学の選択肢を理解するため保護者説明会や大学見学会に参加しましょう	**独立に向けた準備** **試験** 高校3年生の時期には，大学に入るために大切な数多くの試験があります。必要であれば援助を求めてください **財源** 奨学金・学費のローンなど，多数の選択肢を調べましょう **独立** 子どもは程なく自分の人生に責任を負うことになります ・子どもが朝自分で起床できるようにします	**人生の浮き沈み** 単位を落としたり，人間関係に悩んだりしても，人生の困難として克服するよう支援する **大学生活** ・大学新入生としての生活をシミュレーションし，備える ・クラブに入るなど友だちを作るよう進めます

8章 小学校におけるキャリア教育

1. 小学校におけるキャリア教育
2. キャリア教育を推進するために
3. 小学校におけるキャリア教育の実際
4. 各学年の発達課題とキャリア教育

1. 小学校におけるキャリア教育 •••

　小学校におけるキャリア教育は，入学前の幼稚園から継続している。本章では，幼稚園でのキャリア教育について簡単に触れておきたい。

(1) 幼稚園でのキャリア教育

　幼稚園児はスーパーのキャリア発達の段階でいうと，成長の段階，より詳しくいうと空想期にあり，まだ具体的な職業選択や進路を考える時期ではない（Super & Bohn, 1970／藤本・大沢, 1973）。しかし，それぞれの子どものライフキャリアはすでに始まっており，将来のワークキャリアに関連して，さまざまな職業の存在や仕事の世界に気づくための時期であるといえる。

　ある私立幼稚園長に，幼稚園での職業や働くことに関する内容の指導について質問すると，次のような回答があった。「年長の子どもたちに誕生会などで，『大きくなったら何になりたいの？』と聞くと，『ケーキ屋さんになりたい』とか，『花屋さんになりたい』『漁師になりたい（この幼稚園は，漁師町にある）』と，職業名で答える子どももいれば，『お父さんになりたい』『お母さんになりたい』，中には，テレビに登場するヒーローの名前をあげて，『○○ライダーになりたい』と答える子どももいる」ということだった。そして，「この頃の子どもたちに，職業や働くことについての指導は難しい」という話であった。

　ただ，日頃お世話になっている人々を通して職業や働くということについて気づかせるために，勤労感謝の日に，「勤労感謝まいり」という内容で，近くの消防署や市役所などを訪問して，お礼の気持ちを伝えたり職業について質問したりしているとのことであった。

　また，派出所に勤務する警官や地域コミュニティの会長，幼稚園バスの運転手，隣の小学校の校長，教頭，幼稚園の園庭の花や芋などを育てている農家の方を招待して感謝の気持ちを伝えたり話を聞いたりしているとのことであった。招待者から，日頃から地域をきれいにしていることや生活の安全を見守っていること，園内の整備や畑の芋や花を育てていることなどを聞くことによっ

●図8-1　勤労感謝まいりのようす

て，子どもたちなりの勤労観や職業観が育つのではないかという話であった。

では，この幼稚園の「勤労感謝まいり」は，どのようなねらいで取り組まれたものなのかを幼稚園教育要領に示された「健康」「人間関係」「環境」「言葉」「表現」の5領域に照らしてみると，「環境」という領域の中に，「生活に関係の深い情報や施設などに興味や関心を持つ」という内容があり，「勤労感謝まいり」はこの内容に当たると考える。田中（2014）は『幼稚園・保育所　指導計画作成と実践のためのねらいと内容集』で，「豊かな心と基礎的能力」「健康な体」「人とのかかわり」「環境とのかかわり」「言葉とコミュニケーション」「感性と表現」の6領域を設定し，「環境とのかかわり」の中に，「いろいろな仕事に興味を持ち，自分の生活と仕事との関係に気付く」という内容を追加し，年長Ⅱ期に，「職場を訪問して，駅員，消防士，警察官などの仕事に興味をもち，大切な仕事であることがわかる」ということを指導することができると述べている。この幼稚園が取り組んだ「勤労感謝まいり」は，まさに，本内容の指導にあたる。次に，この内容をキャリア教育の視点でみるとどうだろう。「小学校キャリア教育の手引き〈改訂版〉」（文部科学省，2011）には，キャリア教育で育成すべき力として「基礎的・汎用的能力」が示されている。「基礎的・汎用的能力」は，「人間関係形成・社会形成能力」「自己理解・自己管理能力」「課題対応能力」「キャリアプランニング能力」の4つの能力によって構成される（1章3(2)を参照）。

「いろいろな仕事に興味を持つ」「大切な仕事であることがわかる」という内容は，人や社会とのかかわりに気づくことにつながり，「人間関係形成・社会

勤労観
職業観

キャリア教育の手引き
基礎的・汎用的能力
人間関係形成・社会形成能力
自己理解・自己管理能力
課題対応能力
キャリアプランニング能力

形成能力」にかかわる。また，働くことの意義や役割を理解することにもつながり，「キャリアプランニング能力」にもかかわる内容である。

(2) 小学校におけるキャリア教育の課題

　小学校においては，前述のような幼稚園や保育園で行われるキャリア教育の基礎となるような取り組みをもとに，子どもの発達や学びの連続性を大切にしながらキャリア教育を推進していかなければならない。しかしながら，各学校において充実したキャリア教育が行われているかというとそうでもない。福岡県のB大学の教職大学院で学んでいる，小学校の教職経験が10年以上ある現職の教員は，自分が勤務していた学校のキャリア教育を振り返りながら推進上の課題を表8-1のように述べている。

　これらのことから，小学校の教員がとらえているキャリア教育の課題は，「推進体制の不備からくるキャリア教育に対する誤解（また，新しいことをやらなければならないのか）」「全教職員のキャリア教育に対する理解を深める校内研修の充実」がみえてくる。この課題は，多くの小学校でもみられる課題であると考える。

　「小学校キャリア教育の手引き〈改訂版〉」（文部科学省，2011）には，キャ

●表8-1　キャリア教育推進上の課題の例

教員A	教員B	教員C
学校にキャリア教育を推進する<u>体制が整っていない</u>ので，<u>キャリア教育のことを知らないという教員が多</u>い。その原因として「<u>新しい教育活動を指すものではない</u>」という言葉からの誤解があると思う。この誤解を解いていくことが，課題改善の一歩であると考える。	キャリア教育の全体計画が示されているのにもかかわらず，92％の教員が<u>キャリア教育のことをよく知らない</u>と答えた。「<u>新しいことをまたやらなければならないのか</u>」，「大切だということはわかるが，何をどのようにしていくのかわからない」という表記から<u>研修の必要性を感じる</u>。	本校では，キャリア教育のねらいや全体計画で目指す子どもの姿を十分に理解していないことから，「<u>体験ありき</u>」で終わってしまうことや，「<u>新しいことに取り組む必要はない</u>」という誤解があることを感じた。キャリア教育に関する研修もキャリア教育の担当者を対象としたものが主であり，<u>全職員を対象にした研修が不十分</u>であると考える。

（下線は筆者）

リア教育への期待として，21世紀を，新しい知識・情報・技術が社会のあらゆる領域での活動の基盤として飛躍的に重要性を増す，いわゆる知識基盤社会の時代であるとし，「キャリア教育には，『生きる力』を身に付けさせるという時代の要請に応えつつ，子どもたちが力強く生きていくために必要な資質や能力を育てていくという重要な役割が期待されている」と述べられている。さらに，キャリア教育に取り組む意義について次のように記されている。

- キャリア教育は，一人一人のキャリアの発達や個人としての自立を促す視点から，学校教育を構成していくための理念と方向性を示す。
- キャリア教育は，各学校段階で取り組むべき発達課題を明らかにし，日々の教育活動を通して達成させることを目指す。
- キャリア教育を実践し，学校生活と社会生活や職業生活を結び，関連付け，将来の夢と学業を結び付けることにより，生徒・学生等の学習意欲を喚起することの大切さが確認できる。

今後，各学校においては，校内研修等を通してキャリア教育の必要性や意義を十分に理解する取り組みを充実させていかなければならないと考える。

2. キャリア教育を推進するために

　幼稚園におけるキャリア教育を小学校に円滑に接続するためにも，学校にみられるキャリア教育の課題を解消するためにも，各学校のキャリア教育の指導計画の充実が求められる。一般的に指導計画には，キャリア教育の全体計画，年間指導計画，学習指導案の3種類がある。全体計画は学校のキャリア教育の目標を具体化することによって全職員の共通理解を図るためのものである。年間指導計画はキャリア教育全体計画と全体計画に示された学年の目標を教科等の指導でどのように具現化するのかを示す。そして，学習指導案は年間指導計画に示された教科等の指導をどのように行うのかについて，単元や1単位時間の計画を示すものである。

　図8-2は，ある中堅現職教員が作成したキャリア教育全体計画である。キャリア教育の全体計画は通常キャリア教育担当者が中心となって作成し，校内のキャリア教育推進委員会等で共有し，全職員で共通理解するという流れを踏む。

※側注：知識基盤社会／学習意欲／指導計画／全体計画／年間指導計画／学習指導案／キャリア教育担当者

しかしながら多くの学校においては，年度当初に示した「学校のキャリア教育推進計画」が，教育委員会に提出する教育指導計画の一部として作成されるだけで，全体計画に基づいてキャリア教育が実施・評価・改善されるというスクールマネジメントの中で機能していないというのも事実ではないだろうか。

そこで，この計画の作者は，「確実に実施される全体計画」への質的な転換

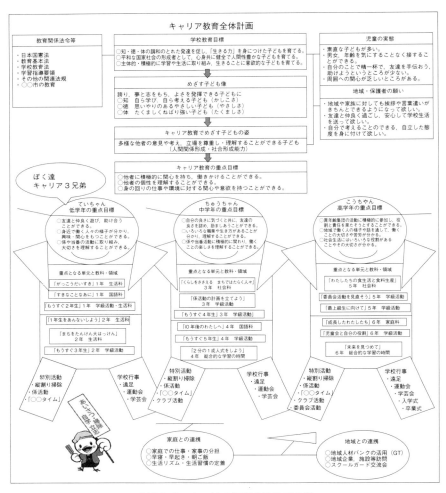

●図 8-2　キャリア教育全体計画の例

を試みている。具体的には，まず，学校長が示す目指す児童像「誇り，夢と志をもち，よさを発揮できる子ども」があり，それに加えて自校の子どもたちの実態や教師の願いから「多様な他者の意見や考え，立場を尊重し，理解することができる子ども」の育成という，キャリア教育で目指す子ども像を設定している。次に，本年度の重点目標を設定し，その目標を低，中，高学年の発達の段階に即して具体化し各学年の重点目標を設定している。さらに，それらの目標を具現化できる教科等を明示している。そして，全職員のキャリア教育への関心を高めるために，「キャリア三兄弟」として絵図化し，文字だけで作成された全体計画にならないように工夫している。 目指す子ども像

　今後，学校の教育目標を実現するために，学習指導要領に基づきどのような教育課程を編成し，どのようにそれを実施・評価し改善していくのかという「カリキュラム・マネジメント」の確立が求められる。そのためにキャリア教育の全体計画やそれに基づいて作成した学年ごとのキャリア教育年間指導計画には，各学年で計画した職場体験活動，教科等の学習が予定通り実施できたのかのアウトプット評価を行う時期や，各学年の重点目標の達成状況を見とるアウトカム評価の指標等についても明らかにしていく必要がある。さらに，小学校期は，義務教育のうち基礎的なものを施すことを目的に行われる。そのため，今後の学校生活の基盤として，学校や教師への信頼，学ぶことの喜びを一人一人が味わえるよう，児童生徒理解に立って個別に支援することについての計画も必要である。また，小学6年生は，中学校への進学という大切な時期を迎える。どの子も安心して中学校へ進めるよう進学指導を行ったり私立中学校等への進学を希望する者へ適切な進路情報を提供したりするなどの小学校期における進路相談についても意図的・計画的に実施することが求められる（キャリア教育の計画立案については3章2を，実践については5章1を参照）。

職場体験活動
アウトプット評価
アウトカム評価

児童生徒理解

進学指導
進路情報
進路相談

3. 小学校におけるキャリア教育の実際

　2015（平成27）年8月に示された「論点整理」には，次期学習指導要領の理念が「社会に開かれた教育課程」の実現であり，その理念を実現するために

アクティブ・ラーニング　必要な方策として，「アクティブ・ラーニング」と「カリキュラム・マネジメント」が示された。両者は，授業改善や組織運営の改善など，学校の全体的な改善を行うための鍵となるものであるが，個々バラバラに実施するものではなくそれらを連動させ，機能させることが求められる。

　キャリア教育において，この考え方を踏襲すると，まず，年間指導計画で「キャリア教育においてどのような子どもを育てるのか」というストーリーを描き，次に，そのストーリーを実現するために必要な教育内容を組織的に配列していく。そして，子どもたちの課題の発見や解決に向けた主体的・協働的な学びとしてアクティブ・ラーニングを位置づけることができる。

　たとえば，ある中堅現職教員は，第5学年のキャリア教育の年間指導計画に，表8-2のようなストーリーを描いた。本題材は，「自分のよさを生かした幼稚園児との交流」である。

　本実践では，①〜⑧の活動を通して，「自分が挑戦したい役割を，自分の特性を生かして選択する」「自分のよさや課題を見つけ，自分の力で解決する」「人

●表8-2　キャリア教育の年間指導計画の例

①あと，100日で最上級生になる5年生に，「6年生になったら新1年生のお世話をしなければならない」ということに気づかせる。【総合的な学習の時間】
②1年生とどのように関わっていけばいいのか分からないという，子どもの不安や疑問に応えるために，1年生のお世話を経験している6年生の話を聞いたり，幼稚園の先生に園児とどのように関わればいいのかという話を聞いたりして，1年生のお世話をするために練習をすることの必要性に気づく。【総合的な学習の時間】
③グループごとにお世話活動の内容を決め準備を行う。（学校のことを教える，一緒に遊ぶ等）。【学級活動（1）】
④幼稚園児を小学校に招待し交流会を開く。交流会後に自己評価，相互評価を行う。【総合的な学習の時間】
⑤交流会の様子をビデオや写真，園の先生からの話で振り返り，「もっと自分の良さ（得意なことや好きなこと等）を生かした活動や，園児が好きな活動にするために幼稚園に情報収集に行く計画を立てる。【総合的な学習の時間】
⑥自分の良さを生かせる交流の仕方を，友達からの評価などをもとに自己決定する（本を読むのが得意だから読み聞かせをしよう。サッカーが得意だから一緒に遊ぼう。ピアノが得意だからピアノを弾いて歌ってあげよう等）。【学級活動（2）】
⑦自分たちの良さを生かせる活動と，幼稚園生が好きな活動を2回に分けて実施することを決め，交流会の準備を行う。【総合的な学習の時間】
⑧園児との交流会を行う。交流会後に自己評価，相互評価を行い，今後の自分についてのあり方を考える。【総合的な学習の時間】

とのかかわりから，自分らしい生き方や憧れる生き方について考える」という，基礎的・汎用的能力の「人間関係形成・社会形成能力」と「自己理解・自己管理能力」の育成を目指す。また，①～⑧の内容については，総合的な学習の時間と学級活動を組織した。さらに，子どもの学びが主体的・協働的な学びになるよう②と⑦の活動の前には，情報収集などの事前指導を行ったり，④と⑦の交流会後には，自己評価や相互評価などの振り返りを行ったりして，その結果を次に生かす事後指導を行っている。

　　　　事前指導
　　　　事後指導

4. 各学年の発達課題とキャリア教育

　キャリア発達とは，「社会の中で自分の役割を果たしながら，自分らしい生き方を実現していく過程」であると中央教育審議会（2011）の答申（平成23年1月）では述べている。また，「人は，自己実現，自己の確立に向けて，社会とかかわりながら生きようとする。そして，各時期にふさわしいそれぞれのキャリア発達の課題を達成していく。このことが，生涯を通じてのキャリア発達となるのである」と，小学校キャリア教育の手引きには記されている（文部科学省，2011）。

　　　　自己実現

　つまり，子どもたち一人一人の発達に応じて，人，社会，自然，文化とかかわる体験活動を身近なところから徐々に広げ，丁寧に設定しなければならない。具体的には，低学年では，「小学校生活に適応させること」がキャリア発達課題の第一にあげられる。そのために，学級活動を中心とする特別活動の学習において，あいさつや返事をきちんとするための行動目標を自己決定して，目標達成に向けてある一定期間，継続して実践するなどの学習を通して自己管理能力を育てたい。また，係活動や当番活動に取り組ませることによって，自分の役割の重要性を理解させたり，生活科での「まちたんけん」などの学習を通して身近で働く人々を直接見学したりする学習は重要な体験活動になる。

　　　　体験活動
　　　　特別活動
　　　　自己決定
　　　　生活科

　また，中学年では，「友だちづくりや集団の結束づくり」への移行が主な課題となる。そのために，学級会で話し合って決めた学級集会活動に，一人一人が役割を分担し，友だちと協力して責任を果たしながら取り組むことによって自己肯定感を高めたり，社会科で地域の生産や販売に携わっている人々の働き

　　　　自己肯定感

について，実際に事業所で働く人々にインタビューをしたりして学習することにより，いろいろな職業や生き方について関心をもたせることができる。

　さらに，高学年では，「集団の中での役割の自覚」と「中学校への心の準備」が重要な課題となる。そのために，前述のような幼稚園の子どもたちの面倒をみるなどの異年齢集団活動を，総合的な学習の時間や学級活動を通して体験させ，自己有用感や自己効力感を味わわせたい。また，家庭科で家庭には自分や家族の生活を支える仕事があることがわかり，自分の分担する仕事について学習したり，身近な産業や職業のようすやその変化について理解するために実際に事業所や職場見学をしたりすることで，働くことの大切さや大変さを実感させるとともに，自分の生活や将来の職業との関連についての自己理解を深めることができる。

傍注：総合的な学習の時間／自己有用感／自己効力感／自己理解

Column 8　教科等の本質を踏まえたキャリア教育

　キャリアの視点にかかる授業を行うとき、ただ、キャリアの視点にたった授業をしさえすれば、キャリア教育のねらいを達成することになるのかといえばそうではない。各教科等の本質を踏まえた授業が実施されなければ、その教科等のねらいを達成できないばかりか、キャリア教育で育成しようとする基礎的・汎用的能力も育成することはできない。

　とくに、学級活動(2)「日常の生活や学習への適応及び健康安全」に関する授業を実施するときには、子どもたちの自己指導能力の形成にこだわりたい。そのために、「つかむ（個人として解決するための問題を把握する段階）」→「さぐる（問題が発生する原因を追求する段階）」→「見つける（解決や対処の仕方を共に考える段階）」→「決める（自分なりの解決方法を自己決定する段階）」という、授業の流れに沿って、子どもたちの思考が流れるように、資料から考えたり話し合いで見つけたりさせたい。

　たとえば、2008（平成20）年度の学習指導要領の改訂で、キャリア教育との関連で示された学級活動(2)の共通事項に示された「エ　清掃などの当番活動等の役割と働くことの意義の理解」の学習を第6学年で考えてみよう。「つかむ」段階で、日常の委員会活動等の取り組みのようすやアンケート調査の結果などから、「委員会の仕事に取り組んでいることの意義をあまり考えたことがない」という共通の問題に気づかせる。次に、「さぐる」段階で、「なぜあまり考えたことがないのか」という問題の原因を追求させ、「しなければならないから」「与えられた仕事だから」などの消極的な態度があることに気づかせる。さらに、「見つける」段階で、下級生の感謝の気持ちや校長先生の6年生に対する期待のメッセージから、「より良い学校生活づくりのために働いている」「学校の伝統をつくっている」「自分たちが働くことによって喜んでくれる人がいる」などの働くことの意義を見つけさせる。そして、卒業までの残された期間、「どのような態度で委員会活動に取り組むのか」という行動目標を自己決定させたい。

9章 中学校におけるキャリア教育

1. 中学校における職場体験活動の現状と課題
2. 今ある"宝"を大事にする実践
3. セカンドステージに進む実践

1. 中学校における職場体験活動の現状と課題

(1) 職場体験活動の推進

キャリア教育は，学校教育活動全体の中で行う必要があるが，中学校のキャリア教育において，職場体験活動は，キャリア発達段階のテーマからもとくに注目される重要な要素といえる。そのため，本章では，まず，職場体験活動の現状と課題について論述する。

> 職場体験活動

1999（平成11）年の中央教育審議会（1999）の答申「今後の初等中等教育と高等教育の接続の改善について」（接続答申）が「小学校段階から発達段階に応じてキャリア教育を実施する必要がある」と提言して以来，キャリア教育の推進は重要な教育政策課題の一つとされてきた。中でも中学校における職場体験活動の充実は，常に中心的な課題であったといえる。

2004（平成16）年度からさまざまなキャリア教育推進施策に着手してきた文部科学省では，2005（平成17）年度に産学官の連携による職場体験活動・インターンシップの推進のためのシステムづくりを目指した「キャリア教育実践プロジェクト」を開始し，中学校を中心に5日間の職場体験活動を推奨した「キャリア・スタート・ウィーク」事業をその中核に据えた。このモデルとなったのが，兵庫県内のすべての中学校で実施されていた5日間程度の社会体験活動「トライやる・ウィーク」である。この「キャリア・スタート・ウィーク」事業において各都道府県や市町村区のモデル校および地域では職場体験活動の推進や充実の実現はもとより，この活動を支えるために「知事（首長）部局と教育委員会」「商工会議所と校長会」「学校と地域（商店）」などの新たな連携・協働が進んだことも忘れてはならない。兵庫県や京都市にこの好例を見ることができる。それまでも地域素材を教材に取り入れたり，地域住民と交流したりする活動を文化としてきた小学校，就職などの実社会への接続が迫った高等学校とは異なり，中学校では地域との連携が薄かった。それが，キャリア教育，とりわけ職場体験活動の推進により中学校においては「学校支援地域本部」や「コミュニティースクール（学校運営協議会）」などの設置と関与が進み，「地

> キャリア・スタート・ウィーク

> 学校支援地域本部
> コミュニティースクール（学校運営協議会）

域とともにある学校」づくりに推進力が生まれている。学校支援地域本部によって受け入れ先職場の開拓が行われた仙台市立加茂中学校，コミュニティースクールにより職場体験活動や体験活動後の学校と企業の交流会がコーディネートされている横浜市立東山田中学校などは顕著な例である（章末の参考資料にあげたインターネット上の紹介ページを参照）。

(2) 職場体験活動の現状

　国立教育政策研究所生徒指導・進路指導研究センター（2014）「職場体験・インターンシップ実施状況等調査」によると 2013（平成25）年度における全国の公立中学校職場体験活動実施率（1日以上の実施）は 98.6％となっている。これは，インフルエンザの流行や台風などの自然災害による活動中止（休止）以外，現在，全国のほとんどすべての中学校でこの活動が実施されているということである。同調査の初年 2004（平成16）年度の調査結果では，中学校における職場体験活動の実施日数は，全国平均で 2.1 日ではあるが，実施平均日数 2 日未満が 37 都道府県・政令市の 61.7％を占め，1 日のみの職場体験活動にとどまっていた。一方，2010（平成22）年度の調査においては実施平均日数が 2.9 日となり，日数の大幅な増加が確認できる。また，都道府県・政令市単位でみると，実施平均日数 1 日台は 12.1％，2 日台は 47.0％，3 日〜5 日台は 40.9％となった。

　同所が 2012（平成24）年度に実施した「キャリア教育・進路指導に関する総合的実態調査」の結果からも，全国の学校および生徒，保護者，卒業生の職場体験活動に対する高い評価がうかがえる。（表9-1 参照）

　このようにわが国の中学校における職場体験活動の実施率，評価はともに大変高く，諸外国のキャリア教育と比較してもきわめて特徴的といえる。

　2013（平成25）年度（最新）の中学校における職場体験活動の状況を「職場体験・インターンシップ実施状況等調査」からまとめると以下のとおりとなる。

- 公立中学校における職場体験の実施状況は，9,706 校中 9,569 校と，昨年度より 0.6 ポイント上回り，98.6％で過去最高となった。
- 実施期間については，9,569 校中「5日」の実施校が 1,315 校（13.7％），「6

◉表9-1 職場体験活動の評価（国立教育政策研究所生徒指導・進路指導研究センター，2013より作成）

あなたのお子さんが，学校で職業に関する学習，職場体験・就業体験を経験することについて，どう思いますか［保護者調査］

		小学校	中学校	高等学校
1	有意義な学習だと思う	90.5%	90.3%	78.5%
2	有意義な学習だとは思わない	1.3%	2.5%	4.1%
3	どちらともいえない	8.2%	7.2%	17.3%

あなたは，職場体験・就業体験を経験して，どんな感想を持ちましたか［卒業者調査］

		中学校	高等学校
1	有意義な学習だと思う	87.4%	82.0%
2	有意義な学習だとは思わない	4.1%	5.7%
3	どちらともいえない	8.5%	12.3%

あなたは，在学中，自分の将来の生き方や進路について考えるため，どのような体験活動を実施してほしかったですか［卒業者調査］

	中学校	高等学校
職場体験・就業体験（インターンシップ）	29.5%	41.4%

日以上」の実施校が63校（0.7%）であった。「5日」の実施校は6年連続減少傾向にある。

総合的な学習の時間
特別活動

・教育課程等への位置付けの状況については，「総合的な学習の時間で実施」が82.7%，「総合的な学習の時間で実施し，特別活動の学校行事（勤労生産・奉仕的行事）としてもいる」が8.3%，「特別活動で実施」が6.6%である。また，参加形態は，ほとんどが「原則として全員参加」である。

・国・私立中学校における実施率は，国立では62.3%，私立では25.8%となり，いずれも昨年度より上回った。

(3) 職場体験活動の課題

2013（平成25）年度「職場体験・インターンシップ実施状況等調査」の概要にまとめたとおり，全体の実施率は過去最高でありながら，「5日」の実施校は6年連続で減少傾向にある（図9-1参照）。

これは，2008（平成20）年の学習指導要領の改訂以降の変化であり，いわ

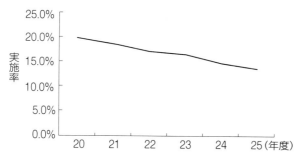

●図9-1　公立中学校「5日」実施率（国立教育政策研究所生徒指導・進路指導研究センター，2014）

●表9-2　体験活動と事前事後指導

指導過程		考え方
事前指導	事前学習	体験活動の動機づけや意欲等を高め，学びや体験活動の質を向上させる学習活動
	直前の学習	体験活動を安全に行うために最低限必要な学習活動
体験活動		職場見学，職場体験，インターンシップ等
事後指導	直後の学習	体験活動の成果を内面化，共有化させるために，最低限必要な学習活動
	事後学習	体験活動の成果を定着化させ，より深化や広がりをもたせる学習活動

ゆる「授業時数確保」の影響が色濃いものと「キャリア教育・進路指導に関する総合的実態調査」の結果からも推察される。

　一方,「緊張の1日目」「覚える2日目」「慣れる3日目」「考える4日目」「感動の5日目」という実態や評価は変わっておらず，引き続き教育課程編成の工夫によって5日間の職場体験活動時間の確保が求められる。

　また，体験活動の効果を高めるうえで事前・事後指導の充実は欠くことができない。マナー講座やお礼状の指導（直前・直後の指導）も重要だが1年間や3年間の学習を有機的に職場体験活動につなぐ工夫こそ大事にしたい（表9-2，図9-2参照）。

事前・事後指導

　ここで，中学校のキャリア教育実践について最も大きな課題であるキャリア教育の誤解について触れなくてはならない。これまで述べてきたとおり，文部

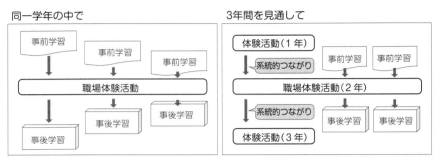

●図9-2　職場体験活動に伴う事前事後指導の実施のあり方

科学省は中学校におけるキャリア教育の中核的な活動として職場体験活動の推進と充実に取り組んできたが，職場体験活動さえすればキャリア教育になるというものではない。キャリア教育とは学校教育活動全体で行われるものであり，職場体験活動を含めた学校教育諸活動全体が有機的に構造化・統合化されたカリキュラムとなるのである。3年間や1年間，もしくは学期を通じて，勤労観・職業観を育み，社会・職業生活につながる基礎的・汎用的能力をいかに育むのかがストーリーとなっているからこそのキャリア教育である。「何をさせていただいても構わないのでとりあえず5日間体験させてください」では中学校の職場体験活動はうまくいかない。「うちの生徒たちには日頃から○○を重点的にがんばらせています」「生徒たちの○○ができるかどうかをみてください」などの日常の活動と職場体験活動をつなげることが不可欠なのだ。これに関連して，事前指導や事後指導の大切さがよく強調されるが，マナー講座やお礼の手紙などの直前・直後の指導はもちろんだが，教科指導や生徒指導，部活指導の中にも職場体験活動とつながり，基礎的・汎用的能力の育成に向けて欠くことのできない「断片」が多くあること，そういった教育活動全体で文脈学習とすることが最も大事な事前・事後指導であることを確認したい。そのためにもキャリア教育の年間指導計画が大事になってくる。佐賀市立芙蓉中学校におけるマナー講座や鹿児島県日置市立日吉中学校におけるマイ焼酎づくりなどは総合的な学習の時間や特別活動を核にして「活動と活動」「日常と行事」「人と人」を文脈でつなぐ事例となっている。

（欄外）
勤労観・職業観
基礎的・汎用的能力
文脈学習

2. 今ある"宝"を大事にする実践

(1) 今ある"宝"を大事にする

　表9-3は,「キャリア教育・進路指導に関する総合的実態調査」(国立教育政策研究所生徒指導・進路指導研究センター,2013)において教科におけるキャリア教育の内容が具体的に計画されているかをたずねたものであるが,小学校平均が72.2%であるのに対し,中学校は32.4%と大きく離れている。これまでも述べてきたとおり,職場体験活動や社会人講話,職業や地域を調べる体験的な学習はきわめて有効である。前述の調査でも,生徒,卒業生,保護者ともに大変高い割合で「職場体験活動は有意義だった」と回答している。

　だからこそ,ここで気をつけなくてはならないのは,職場体験活動さえすればとか,社会人講話をくり返すことのみがキャリア教育ではないということである。正しいキャリア教育の理解が進んでいる中学校では次の4つの視点を大

◆表9-3　小学校,中学校,高等学校における年間指導計画の内容（国立教育政策研究所生徒指導・進路指導研究センター,2013より作成）

貴校には,キャリア教育の年間指導計画はありますか [学校調査]

		小学校	中学校	高等学校
1	計画がある	46.7%	76.7%	80.4%
2	計画はない	53.3%	23.3%	19.6%

年間指導計画には,以下の内容が具体的に記されていますか [学校調査]

	小学校	中学校	高等学校
学級活動・ホームルーム活動におけるキャリア教育	80.2%	83.2%	79.8%
道徳におけるキャリア教育	65.4%	46.8%	―
総合的な学習の時間におけるキャリア教育	92.3%	89.8%	82.9%
各教科におけるキャリア教育	72.2%	32.4%	32.0%
キャリア・カウンセリング	5.7%	55.9%	61.6%
キャリア教育にかかわる体験的な学習	74.9%	87.4%	89.8%
上記に該当するものはない	0.0%	0.0%	0.0%

切にした，均衡のとれた実践が進んでいる。

(2) 4つの視点による実践

1つ目は「学習の内容」である。その教科で学ぶ内容が社会生活や職業生活で活用される場面を授業の中で具体的に指導している。単元の内容には，仕事や実生活に結びつくものがたくさんある。たとえば，理科の「反射」や「図形の角度」について，自動車のバックミラーの死角と絡めて説明したら理解が深まるのではないか。また，ある中学校の数学の授業で行われていた事例だが，パスタメジャー（直径が異なる複数の穴にパスタを通し人数分の量をはかる調理器具）を自作することで，「比」について学ぶのである。新幹線の座席配置について考えさせたり鶴亀算を紹介したりすることで学びと生活や社会をつなぐ事例もある。

技術・家庭科　もちろん，社会科であれば，正規・非正規雇用の違いについて，技術・家庭科であれば家族や家庭生活などについて具体的なデータを示しながら考えさ

進路選択　せることで，学びが将来や進路選択に直結することになる。

このように学習の内容を，生きること，働くことにつなげるという視点を大事にしているのである。とはいえ，バックミラーやパスタメジャーの話を毎回すべての授業でしようと思うと無理が生じる。シャワーのようにキャリア教育的な要素を浴びせかける必要はなく，たくさんある内容から選択，精選するのである。時事的な話題に合わせて，既習内容の振り返りや，学習内容の先取りでの紹介などというストーリー性，文脈がここでも大事である。

2つ目は「指導の手法」である。授業における学び方から培われる能力を，

基礎的・汎用的能力　基礎的・汎用的能力と絡めて指導するという視点だ。たとえば，人前で自分の気持ちを表現することがうまくできない生徒の実態があれば，ペア学習や発表

コミュニケーション能力　の機会を意識的に取り入れるなどして，コミュニケーション能力を育てる。そして，その力が社会でどのように生かされていくのか生徒に考えさせる。この

目指す子ども像　ような視点は，どの教科でも取り入れ可能である。身に付けさせたい，目指す

アクティブ・ラーニング　子ども像によって指導手法を工夫し，主体的・協同的な学び（アクティブ・ラーニング）が展開されている。

3つ目は「学習のルール」である。時間を守る，身だしなみを整える，名前を

呼ばれたら返事をするといった，実社会で必要とされる態度を身に付けるという視点だ。これはどの中学校でも生徒指導や生活指導，生活や学習のルールとして盛んに取り組まれていることである。ただ，ここで必要条件となるのは，あくまで社会に出たときに必要な力やマナーであることを教員も，生徒も意識することである。もちろん，「学校や授業のルールだから守る」「現在の生活や環境を大事にするためにがんばる」という「近い目標」の実現は重要であるが，さらにそれが「遠い目標」である将来に生かされることも伝えていくのがキャリア教育である。「近い目標」と「遠い目標」の両立を先進中学校では大事にしている。

　そして4つ目が職場体験活動などの「体験学習」である。学習の内容や手法やルールを通じて学んだことが，実際に社会や仕事で使えるかどうかを確認するのである。練習を積んである程度の力を身に付けたら練習試合で試したくなるのと同じことである。それによって「普段，先生が言っていることと同じことを社長が言っていた」「今まで学んできたことは，社会に出たときに役立つのだな」という実感となり，新たな学習意欲へとつながっていくのである。

学習意欲

　多くの中学校では，基礎練習を積んでからの練習試合に出かけるわけだが，逆のパターンもある。ある中学校の事例では，1年生の春に職場体験活動を行い，そこで得た気づきを3年間の授業や指導に生かしている。ただし，その場合，教員にそうした確固たる意識が働いていることが条件である。

　キャリア教育がうまくいっている中学校の多くは，体験活動が「楽しかった」「大変だった」という感想で終わらないように教員が共通理解を図っている。

　授業など日常の指導での学びがどのように社会生活や職業生活につながるのかを教員の言葉や文字で伝えるからこそ，職場体験活動は生きてくる。青森県板柳町立板柳中学校や茨城県牛久市立下根中学校の取り組みはまさにこの視点での好事例といえる（章末参考資料を参照）。

(3) 生徒に自信をもたせる

　少子高齢化やグローバル化の進展，生産年齢人口の減少などの社会構造の変化や，国際的な学力調査などの結果から，中央教育審議会（2008）は生徒の現状を「子どもたちが将来に不安を感じ，学校での学習に自分の将来との関係や意義が見出せずに，学習意欲が低下し，学習習慣が確立しないといった状況が

少子高齢化
グローバル化

見られる」としている。また，多くの調査からわが国の中学生の自信のなさ，自己肯定感や社会参画意識の低さが指摘されている。国立教育政策研究所生徒指導・進路指導研究センター（2013）「キャリア教育・進路指導に関する総合的実態調査」ではこんな注目すべき結果もある。「自分の将来の生き方や進路について考えるために，どのようなことを指導してほしかったですか？」という問いに対して，「就職後の離職・失業など，将来起こり得る人生上の諸リスクへの対応」と回答した割合が中学生で約32％と上位にあがった。生徒は，将来や社会，就職についての不安を隠していない。同様に，保護者の過半数も，将来のリスクへの対応についての指導を望んでいる。

> 自己肯定感
> 社会参画意識

　だからこそキャリア教育が充実している中学校では，進学や就職という「近い目標」に向けて応援することはもちろん，卒業後，社会人として生きるという「遠い目標」を見越して指導することをくり返し確認している。

　キャリア・カウンセリングを大事にしているある中学校の職員室に掲示されているキャッチフレーズである。「今伝えたい，教室と社会のつながりを」そして「なぜ学ぶのか，なぜ働くのかを」。この中学校では，進路相談や三者面談などはもちろんのこと，教員は「教室内での学びと社会のつながり」「なぜ学ぶのか」「なぜ働くのか」を意識して生徒と対話しているのである。キャリア・カウンセリングを通して，教員による生徒理解はもちろんのこと，生徒自身の自己理解や自己決定につなげ，学び続ける意欲と自信をもたせるような取り組みが続けられている。決して新たなことではないが，キャリア教育の肝と言ってもよいだろう。

> キャリア・カウンセリング
>
> 進路相談
>
> 自己理解
> 自己決定

3. セカンドステージに進む実践

(1) キャリア教育の落とし穴

　ここまでの事例紹介や国の施策の解説により「これならキャリア教育は容易にできる」「うちの中学校では昔からやっていることだ」「これなら何も変えなくてもよいのでは」と思われる方がいるのではないだろうか。ここにキャリア教育の落とし穴がある。職場体験活動と日常の指導に有機的なつながりをつく

る方法や学びと社会生活・職業生活をつなぐ「断片」は無数にある。だからこそ，あれもこれもキャリア教育としたり，どこまでやれば十分なキャリア教育といえるのかわからなくなったりして，負担が大きく終わりがないキャリア教育という落とし穴にはまってしまうのである。

(2) 身に付けさせたい力の具体化

　これまでも紹介したが，職場体験活動の実施日数や教科等におけるキャリア教育の計画率などのアウトプット評価は丁寧に行われてきた。

　持続可能なキャリア教育を進めるには，身に付けさせたい力の具体化が欠かせない。目の前の生徒の「強み」と「弱み」を把握し，一定の期間を通じて具体的に「何ができる中学生（卒業生）」にしたいのか基礎的・汎用的能力の視点で設定する。それによってアウトカム評価が可能となる。「○○できる」という目標設定は，主語を変えるだけで「あなたは○○ができるようになりましたか」「あなたのお子さん（学級の生徒）（体験を受け入れていただいた生徒）は○○ができるようになりましたか」と評価に直結させることをねらっている。これまでの中学校の多くでは目標設定と評価項目にずれがあるため教育活動のPDCAサイクルを回す際に，負担感が大きかった。円滑なPDCAサイクルのためにも具体的な能力設定が勧められる（評価については5章1を参照）。

> アウトプット評価

> アウトカム評価

> PDCAサイクル

(3) 身に付けさせたい力の焦点化

　基礎的・汎用的能力が「人間関係形成・社会形成能力」「自己理解・自己管理能力」「課題対応能力」「キャリアプランニング能力」の4つの区分になっている（1章3(2)を参照）からといって均一・均等な能力設定にする必要は何らない。むしろ，そういった総ナメ的な設定がキャリア教育を混乱させている。この生徒たちにこんな力が必要ではないかと教員が考え，それが社会の求める力と合致しているのか確認する際に基礎的・汎用的能力を活用するのである。教師の考え方や方針を意味づけるとともに，現在の取り組み状況を確認し，社会人・職業人として必要な能力の育成を積み上げていくのである。また，身に付けさせたい力の焦点化がなかなかできないとの声を聞く。「どの力もうちの生徒には身に付けてほしいものばかり」と。さらには，「たとえば，課題対応

> 人間関係形成・社会形成能力
> 自己理解・自己管理能力
> 課題対応能力
> キャリアプランニング能力

能力に焦点化することによって人間関係形成・社会形成能力は身に付けさせなくてもよいことになるのか」との声もある。しかしながら，基礎的・汎用的能力の4つの区分は相互にかかわり合っており，はさみで切るように区分けはできない。だからこそ，キャリアプランニング能力に焦点化して引き上げようとすれば，密接にかかわり合っている他の3つの力もキャリアプランニング能力に続いて引き上げられるものではないだろうか。

　キャリア教育が持続的に推進され，日常の指導に溶け込んでいる中学校では，この身に付けさせたい力の具体化・焦点化がうまくいっているのである。そういった学校では身に付けさせたい力の「焦点化を恐れない」という風土が生まれている。

　大阪府高槻市立第四中学校では小学校1年生から中学校3年生までの実態を踏まえて，「自立する力（自分で判断しながら自分の立ち位置を見つめる力）」「考える力（課題解決に向けて必要な情報を整理・活用する力）」「見通す力（見通しをもって課題に取り組む力）」「つながる力（人や社会とつながり続ける力）」と校区共通で身に付けさせたい能力設定をしている。

　新潟市立白新中学校では教師と生徒が協働で能力設定を行う。1年間を振り返り生徒自身が強みと弱みを洗い出し，教師とともに「責任感」「認め合い」「積極性」「自主性」「優しさ」「粘り強さ」「判断力」「自己主張」「高め合い」の9つの力に整理する。そのうえで，時期や行事などによって身に付ける能力を3つ程度に焦点化し，教師と生徒は同じ言葉でゴールを目指すことになる。

⑷　セカンドステージに進む実践

　1999（平成11）年の接続答申から15年以上が経過した。進路情報を提供し，就職指導や進学指導を行う狭義の進路指導から社会的・職業的自立に向けて学校教育全体で取り組むキャリア教育への意識変化は着実である。また，進路指導主事とは別にキャリア教育担当者を置く自治体や学校も増えてきた。

　キャリア教育の本質を押さえながらも生徒や地域の実態に応じて特色あるキャリア教育が進みつつある中学校も多い。たとえば，活力ある地域社会の構築に向けて活躍する人々との出会いを重視し，故郷への誇りをもたせ，自己有用感や自己効力感に結びつける取り組みは秋田県や青森県のふるさと教育（地域の

※欄外
キャリア教育担当者
自己有用感
自己効力感

農業体験や工芸品のものづくり体験）や和歌山県立桐蔭中学校（古道など地元の歴史や自然環境にかかわる人々のインタビュー）にみられる。また，追指導ができるように25歳や30歳になった卒業生に追跡型のアンケートを実施している中学校もある。追指導という意味では，小学校から高校までのキャリア教育の成果を「キャリアノート」などの名称でポートフォリオとして蓄積し，いかなるキャリア発達を経てきたか生徒自身と教員が確認できるように努めている自治体も多い。広島県や青森県の事例がそれに当たる。他にも，小学校，中学校，高等学校の連携という形で学習内容や指導手法，学習環境の一貫性をもたせるとともに，さらにそれを社会や職業に結びつける意識を大事にしている校区もある。

実社会における検証改善サイクルの必要性から通称「キャリア手帳」「生活手帳」を生徒にもたせ，週単位や月単位で学習や部活動などでPDCAをくり返すことの大切さを実感させている東京都中野区立第十中学校などもある。

追指導

ポートフォリオ
キャリア発達

参考資料の紹介

○文部科学省　学校支援地域本部　全国の取組事例の紹介ページ：加茂中学校区学校支援地域本部
http://manabi-mirai.mext.go.jp/assets/files/pdf_H24 20daijinhyosyo/41_sendaishi/98_sendai(kamo).pdf
○文部科学省　平成24年度「地域とともにある学校づくり推進協議会：学校と地域をむすぶ」：横浜市立東山田中学校区
http://www.mext.go.jp/component/a_menu/education/micro_detail/__icsFiles/afieldfile/2012/10/09/1325447_2_1.pdf
○文部科学省　板柳中学校の実践紹介
http://www.mext.go.jp/component/a_menu/education/micro_detail/__icsFiles/afieldfile/2014/03/19/1345346_12.pdf
○下根中学校　ホームページにある学校要覧（グランドデザインにキャリア教育が位置づいている）
http://www.ushiku.ed.jp/scms/admin93826/data/doc/1401582145_doc_116_0.pdf

Column 9　キャリア教育は学習意欲を高める

　2012年に国立教育政策研究所が実施した「キャリア教育・進路指導に関する総合的実態調査」（国立教育政策研究所生徒指導・進路指導研究センター，2013）では，キャリア教育が学習意欲を促すことを紹介している。学習内容と生活や社会が結びつくことは，学習意欲に影響し，それを意識した教員の指導が重要であることを説いている。「キャリア教育計画の充実度が高い」学校ほど，児童・生徒の学習全般に対する意欲が向上することについて，当該学校の管理職は認めている。中学校では「キャリア教育の充実群」にあたる学校の約55.1％で，管理職が「学習意欲の向上あり」と回答している（図1）。中学校を職場体験活動の日数別に分けて，当該学校の管理職に生徒の学習意欲の向上について質問したところ，3日間と4日間で逆転現象がみられるものの，やはり，体験日数が多いほど生徒の学習意欲が高まっている傾向がわかる。中学校では「6日以上の職場体験活動を実施」している学校の約57.1％で，管理職が「学習意欲の向上あり」と回答している（図2）。

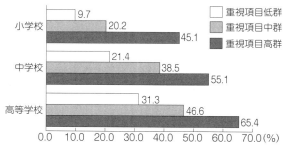

※小学校：重視項目低群（0〜2項目該当）26.4％，中群（3〜5項目該当）46.3％，高群（6〜12項目該当）27.3％
　中学校：低群（0〜5項目該当）32.0％，中群（6〜8項目該当）42.6％，高群（9〜12項目該当）25.4％
　高等学校：低群（0〜4項目該当）27.2％，中群（5〜7項目該当）40.1％，高群（8〜12項目該当）32.7％
※ χ^2 検定の結果：小学校 $\chi^2(2)=96.105, p<.001$，中学校 $\chi^2(2)=34.604, p<.001$，高等学校 $\chi^2(2)=68.294, p<.001$

●図1　キャリア教育の充実度と学習意欲の関係

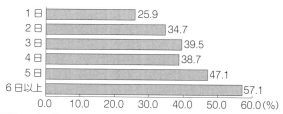

※ $\chi^2(5)=7.522, ns$（ロジスティック回帰分析＝「職場体験活動の日数」の効果は5％水準で有意）

●図2　職場体験活動の日数と学習意欲

10章 高等学校におけるキャリア教育

1. 高等学校におけるキャリア教育の意義とねらい
2. 進路指導とキャリア教育
3. 高等学校におけるキャリア教育の実践と評価
4. 高等学校におけるキャリア教育の課題

1. 高等学校におけるキャリア教育の意義とねらい

(1) 高等学校におけるキャリア教育の意義

自我形成
自己実現
グローバル化
知識基盤社会
少子高齢化
勤労観・職業観
自己決定

　高等学校は，生徒の自我形成が進み，自己実現に向けて自律の要求が高まっていく時期である。また，経済のグローバル化や知識基盤社会の到来，少子高齢化，就業構造・雇用慣行の変化など社会環境が急激に変化している現代にあって，生徒一人一人がしっかりとした勤労観・職業観を形成し，生徒の自己決定を促す取り組みの充実や将来直面するさまざまな課題に対応する力を高めることがこれまで以上に求められてくる。

(2) 高校生のキャリア発達

キャリア発達
キャリア発達課題
自己理解

基礎的・汎用的能力

　高校生のキャリア発達の段階は，主に，現実的探索・試行と社会的移行準備の時期とされており，キャリア発達課題として，自己理解の深化と自己受容，選択基準としての勤労観・職業観の確立，将来設計の立案と社会的移行の準備，進路の現実吟味と試行的参加の4点があげられている（文部科学省，2006）。また，基礎的・汎用的能力も生徒のキャリア発達を促すための主軸となる（発達課題については1章1，基礎的・汎用的能力については1章3(2)を参照）。

(3) 高等学校におけるキャリア教育の課題とねらい

　高等学校の設置形態は，主に全日制課程，定時制課程，通信制課程の3つの課程に分けられ，全日制課程に在籍する生徒が96.7％を占めている。また，普通科，専門学科，総合学科の3つの学科が設置されており，在籍者の割合は普通科が72.6％と最も多く，総合学科が5.3％と最も少ない（文部科学省，2014a）。

　高等学校は，その設置形態や学科によって，生徒の実態や学校としての課題が大きく異なってくる。そこで，表10-1のように学校の実態に応じたキャリア教育の推進が必要である。

◉表10-1　学科別のキャリア教育の課題とねらい（文部科学省，2011より作成）

	課題	キャリア教育のねらい
普通科	約8割の生徒が大学や専門学校などの高等教育機関に進学するが，目的意識が明確でないまま進学する者が少なくない。一方，就職希望者の就職状況は厳しい。進学の意義の明確化や将来の職業生活に向けた基礎的知識・技能に関する学習機会の充実を図る必要がある。	進学希望者が多い学校では，大学などの進学先や先の社会を意識させ，将来の職業分野との関連を考察させる授業の工夫をする。就職希望者が多い学校では，将来の職業生活に向けて学習できる教育課程を編成し，就業体験など啓発的体験を伴う取り組みの充実を図る。
専門学科	卒業生の就職希望者の割合は4割程度に減少し，大学や専門学校などへの進学者の割合が増加傾向にある。職業の多様化や求められる知識・技能の高度化に対応した職業教育の充実と大学進学も視野に入れた将来設計に向けた指導が必要である。	基礎科目から専門科目まで学習の流れとキャリア教育を関連づけた体験学習や地域企業での実習など，地域・社会との連携を図った実践的な教育活動に取り組む。外部講師などを積極的に活用し，最先端の知識・技能を習得する機会を設ける。
総合学科	生徒の主体的な科目選択による学習や進路意識を高める学習機会が他学科に比べて多い一方，生徒の実態として目的意識・進路意識が低く主体的な科目選択を行うことが難しい学校も多い。卒業後の進路選択を視野に入れた科目の選択能力の向上や長期的視点からのキャリアプランニング能力の育成が課題である。	「産業社会と人間」の学習による動機づけをもとにした3年間の学習計画を作成して取り組む。多様な必履修教科・科目や選択教科・科目を通じてさまざまな知識・技能を養う。総合的な学習の時間などを活用して，問題解決や探究活動に主体的，創造的，共同的に取り組む態度を養う。

2. 進路指導とキャリア教育

　進路指導は，「生徒の一人ひとりが，自分の将来の生き方への関心を深め，自分の能力・適性等の発見と開発に努め，進路の世界への知見を広くかつ深いものとし，やがて自分の将来への展望を持ち，進路の選択・計画をし，卒業後の生活によりよく適応し，社会的・職業的自己実現を達成していくことに必要な，生徒の自己指導能力の伸張を目指す，教師の計画的，組織的，継続的な指導・援助の過程」（文部省，1983）と定義されている。この定義によると，本来の進路指導は，卒業後の進路をどう選択するかといった点だけでなく，これまでの生き方を振り返ったうえで今後の生き方を考えるという時間的展望（ある一定の時点における個人の心理的過去および未来についての見解の総体）に立って指導・援助を行うという点で，キャリア教育の理念と重なる。高等学校

職業的自己実現

時間的展望

学習指導要領総則（文部科学省，2009a）では，教育課程の実施などにあたって配慮すべき事項として，「生徒が自己の在り方生き方を考え，主体的に進路を選択することができるよう，学校の教育活動全体を通じ，計画的，組織的な進路指導を行い，キャリア教育を推進すること」と記され，進路指導とキャリア教育が並んで記されている。

　また，高等学校においてキャリア教育を推進する組織は，従来の進路指導にかかわる校務分掌と兼ねている割合が68.8％と最も多く，**キャリア教育担当者**の88.1％は他の担当と兼務しており，その78.0％が**進路指導主事**と兼務している。このように，高等学校においてキャリア教育と進路指導は，実態として組織体制においても重なる点が多い。実際，学級担任の4分の1が「キャリア教育と進路指導との違いがわからない」と回答している調査結果もある（国立教育政策研究所生徒指導・進路指導研究センター，2013a）。

　それでは進路指導とキャリア教育の違いはどういう点にあるのだろうか。

　まず，進路指導は中学校から高等学校の実践にとどまるのに対して，キャリア教育はそれらを包含して一生涯を貫くものとされる点があげられる（図10-1）。進路指導は，学習指導要領上，中学校から高等学校（中等教育学校，特別支援学校中学部および高等部を含む）の期間に限定された教育活動である。一方，キャリア教育は，就学前段階から初等中等教育・高等教育を通して実践され，若年無業者など学校から社会への移行に困難を抱える若者を支援するさまざまな機関においても実践される，生涯を見据えた取り組みなのである。

　また，従来の進路指導は，就職や進学などに関する指導・援助といった一部の教育活動にかたよりがちであるという点で「**出口指導**」との批判があり，学級担任対象の調査においても卒業直後の進路選択・決定に関する指導内容が多いとの指摘がある（国立教育政策研究所生徒指導・進路指導研究センター，

●図10-1　キャリア教育と進路指導（文部科学省，2011より作成）

2013b)。さらには生徒個々の発達を組織的・体系的に支援するといった意識や姿勢，指導計画における各活動の関連性や系統性などが希薄であり，生徒の意識の変容や能力・態度の育成に十分結びついていないという指摘もある（文部科学省，2011）。このように，従来の進路指導は，キャリア教育で重視されている教科指導も含めて，生徒のキャリア発達を包括的，組織的に推進していく意識や取り組みが不十分であった。

> 指導計画

3. 高等学校におけるキャリア教育の実践と評価

　高等学校の発達課題に対応していくためには，社会的・職業的に自立するために必要な基盤となる能力や態度の育成，キャリアを積み上げていくうえで必要な知識等について教科・科目等を通じた理解，体験的な学習，生徒の価値観の形成と勤労観・職業観の確立といった点を踏まえて学習や実践の取り組みを計画することが必要である。

(1) 教科・科目等を通した実践

　キャリア教育はすべての教育活動を通して展開していくものであり，キャリアを積み上げていくうえで必要な知識等についての理解を教科・科目等を通じて深めていく必要がある。たとえば，国語科においては言語活動を通して自己理解を深めたりコミュニケーション能力を高めたりすることで自己理解・自己管理能力，人間関係形成・社会形成能力の育成につなげることができる。公民科においては，雇用・労働問題，社会保障や労働法，労働者としての権利・義務など働くうえで基礎となる知識についての理解を促すことができるし，家庭科においては，働くことと家庭，社会とのつながりについて知識や思考を深めることができる。このように，各教科・科目についてキャリア教育実践につながる単元や教育活動を見いだしたうえで，キャリア教育の学校目標や他教科との関連性を検討しながら体系的・系統的な指導を目指すのである。

> コミュニケーション能力
> 自己理解・自己管理能力
> 人間関係形成・社会形成能力
> 家庭科

　ただ，「生徒のキャリア発達を意識した各教科の授業を実施している」と回答した学校が7割あるのに対して，「教員は指導案の作成や教材の工夫に努めている」と回答した学校は3割にとどまっているという調査結果（国立教育政

策研究所生徒指導・進路指導研究センター，2013a）もあり，今後，教育活動の計画や具体的内容についての評価と改善が求められる。

こうした点について，文部科学省（2014b）は，実社会や実生活の中でそれらを活用しながら，自ら課題を発見し，その解決に向けて主体的・協働的に探究し，学びの成果等を表現し，さらに実践に生かしていけるようにすることが重要であるという視点から，アクティブ・ラーニングなど学習・指導方法や教材，評価手法の充実を提案している。現段階でこうしたアクティブ・ラーニングなどの主体的・協働的な学習・指導方法を用いた実践報告が多くみられるのが総合的な学習の時間の実践である。

> アクティブ・ラーニング
> 総合的な学習の時間

総合的な学習の時間は，「変化の激しい社会に対応して，自ら課題を見付け，自ら学び，自ら考え，主体的に判断し，よりよく問題を解決する資質や能力を育てることなどをねらいとすることから，思考力・判断力・表現力等が求められる知識基盤社会の時代においてますます重要な役割を果たす」（文部科学省，2009b）。たとえば，職業調べを通して職業観の育成を図ったり進路適性検査の実施を通して自己理解を促す取り組みを行ったりするほか，インターンシップなど職業体験活動の事前指導・事後指導を総合的な学習の時間に実施している高等学校も多い。

> 進路適性検査
> 職業体験活動

また，総合学科の原則履修科目である「産業社会と人間」は，生徒が自己の在り方生き方や進路について考え，高等学校で何を学ぶべきか自覚し，学習内容を自ら選択する能力・態度を培う科目である。この学習活動は，総合的な学習の時間のねらいにも合致しており，学習方法・形態の点からも総合的な学習の時間の参考にすべき実践例と考えられる（文部科学省，2011）。

> 産業社会と人間

そして，こうした教育活動の場となるのがホームルームである。ホームルーム活動や生徒会活動，学校行事などの特別活動も含めて系統的・体系的にキャリア教育を推進することが求められる。

> 特別活動

(2) 体験的な学びを活かした実践

高等学校における体験的な学びは，生徒が将来進む可能性のある職業に関する活動を試行的に体験することで，勤労観・職業観の形成と確立を促し，体験を通して社会・職業への移行準備を行うことが目的となる。具体的には，職場

> 勤労観・職業観

等の訪問・見学や地域の企業に勤める職業人を招いての講演・技術指導，オープンキャンパスや大学等の講義の受講などさまざまな実践が考えられる。

とくに，インターンシップは，将来進む可能性がある仕事や職業に関連する活動をいわば試行的に体験し，これを手がかりに社会・職業への移行準備を行うことが中心的な課題となる。「進学希望者であっても，『大学等の向こうにある社会』を生徒に意識させ，高等学校卒業後又は大学等卒業後に希望する職業について，インターンシップ等により体験させ，自己の将来について考えてみることが重要である」（文部科学省，2011）。　**インターンシップ**

また，インターンシップを実施するにあたっては事前・事後指導の充実も欠かせない。インターンシップの事前・事後指導を十分に行っている担任のほうが，生徒が自己の生き方や進路を真剣に考え，キャリア教育に関する学習や卒業後の進路に関する学習を含めて学習意欲が向上していることを実感しており（国立教育政策研究所生徒指導・進路指導研究センター，2013b），これらの指導は生徒のキャリア発達の促進にもつながると考えられる。　**事前・事後指導**　**学習意欲**

具体的な事前指導としては目的の徹底や社会人マナーの指導，対象となる事業所についての研究などであり，事後指導としては礼状の作成，体験発表・レポート作成などがあるが，個々の生徒の体験を深化させ，キャリア発達を促すためには全体指導だけでなく，キャリア・カウンセリング，進路相談などの個別指導の充実を図る必要がある。　**キャリア・カウンセリング**　**進路相談**

生徒に働くことの意義や社会の担い手としての役割の理解を促すためには，学校が家庭，地域社会や産業界と連携・協働することにより，このような体験的な学びを効果的に実践することが必要である。

(3) キャリア教育推進の要となる評価の視点

キャリア教育の効果的な実践を行うためには，各学校の到達目標とそれを具体化した教育活動の評価項目を設定して適切な評価を行い，教育活動の改善を継続的に実施していくことが必要である。その点，評価の視点はキャリア教育の推進に向けた要であるといえる。

キャリア教育の評価には，どのようなことをどれだけ実践したかというアウトプット評価と実践した結果どのような成果がみられたかというアウトカム評　**アウトプット評価**　**アウトカム評価**

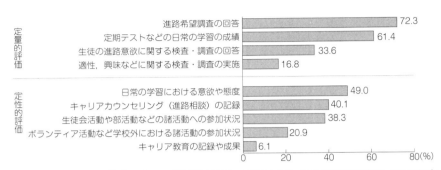

●図 10-2　キャリア教育において学級担任がよく利用している生徒理解の資料（国立教育政策研究所生徒指導・進路指導研究センター，2013a より作成）

生徒理解

価がある。前者が主に学校の取り組みを対象とするのに対して，後者は主に生徒の成長・変容を対象としており，最近，アウトカム評価がキャリア教育で重視されるようになった。図 10-2 は，高等学校において学級担任がよく利用している生徒理解の資料を定量的評価と定性的評価について整理したものである。定量的評価としては卒業後の進路選択・決定に焦点が当てられた内容の利用が多くなっており，進路意欲，適性・興味といった生徒の内面的変容に焦点を当てた項目の利用率は少ない。一方，定性的評価としてキャリア教育の記録や成果の活用が不十分であり，キャリアノートなどポートフォリオの活用などの取り組みが求められる（評価に関しては 5 章参照）。

4. 高等学校におけるキャリア教育の課題

(1) 「出口指導」から将来の生き方や進路を考えるための指導へ

進路情報
進路選択

　高等学校におけるキャリア教育の内容としては，上級学校や職場に関する進路情報の収集・活用など，依然として卒業直後の進路選択・決定に関する取り組みが多いとの指摘がある。一方，生徒が指導してほしかったという項目に「自分の個性や適性を考える学習」があがっている（国立教育政策研究所生徒指導・進路指導研究センター，2013b）。今後は，卒業後の進路選択だけでなく，個性・適性について検討する進路適性検査を活用した自己理解や職業への興味の喚起

進路適性検査

が求められる。また，自己効力感，進路不決断など心理学の知見による心理検査，心理尺度の活用や，インターンシップなどの啓発的経験を深める活動，さらにはキャリア・カウンセリングなどの個別指導の充実も求められる。

自己効力感
啓発的経験

(2) 将来起こり得る人生上のリスクへの対応に向けた学習・指導の充実

1989年に19.1%であった非正規雇用労働者の割合は2014年には37.4%と2倍になっている。また，正社員として働く機会がなく，非正規雇用で働いている「不本意非正規」の割合は非正規雇用労働者全体の18.1%となっており，25～34歳においては28.4%と最も高くなっている。非正規雇用には，雇用が不安定，賃金が低い，能力開発機会が少ない，雇用保険や健康保険などのセーフティネットが不十分といった問題がある。このように，労働者の4割が非正規雇用という現状においては，生徒が卒業後に離職や失業などのリスクに直面する可能性が高くなっている（厚生労働省，2015）。また，正規雇用労働者についても，近年若者の雇用について「ブラック企業」をめぐる問題が提起されており，労働者の権利を守るなど正規雇用後のリスクへの対応が課題になってきている。

非正規雇用

一方，こうした就職後の離職・失業など将来起こり得る人生上の諸リスクへの対応について，学習の機会や内容がないと回答した高等学校が49.3%と半分を占め，情報提供に取り組んでいる担任は30.1%にとどまっている。さらに，こうした学習に取り組んでいないと回答した高校生が34.8%，高校の卒業生は42.4%と多くなっている（国立教育政策研究所生徒指導・進路指導研究センター，2013a）。

また，図10-3からは，学んだり働いたりすることが困難な問題が起こったときの高校卒業生の対応は，「問題を解決するための相談や支援に関する公的な機関を知っているので活用する」ことは少なく，ほとんどの卒業生は「家族や友人などに相談や支援を求める」実態が見えてくる。

今野（2012），濱口（2013）は，こうした人生上の諸リスクに対応する社会的な戦略の一つとして，労働法教育の確立と普及の必要性を指摘している。今後は，高校在学中から労働に関する法律や制度の仕組みについての学習などの充実を図る必要がある。

労働法教育

卒業生への支援としては，卒業後の追指導がある。しかし，追指導の実施状

追指導

●図 10-3　学んだり働いたりすることが困難な問題が起こったときの対応（国立教育政策研究所生徒指導・進路指導研究センター，2013a より作成）

況は不十分といわざるをえない。大学等進学者，専修学校等進学者，就職者とも 5〜6 割の学校が追指導を実施しなかったと回答している。また，「キャリア教育の計画を立てる上で重視したこと」として「卒業生への追指導」をあげる回答は 1 割程度にとどまっている（国立教育政策研究所生徒指導・進路指導研究センター，2013a）。連携・接続の視点からも今後，追指導の工夫・充実が求められる。

(3) キャリア教育の評価の充実に向けて教員の共通理解を図る工夫

図 10-4 は，キャリア教育の評価について実施，意識，研修の 3 点から整理したものである。これによると，学校としてはキャリア教育の計画実施につい

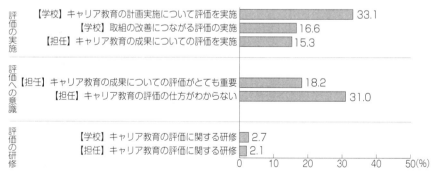

●図 10-4　キャリア教育の評価の現状（国立教育政策研究所生徒指導・進路指導研究センター，2013a より作成）

ての評価は3割以上が実施しているが，取り組みの改善につながる評価は16.6%にとどまっている。また，学級担任としては，キャリア教育の評価の仕方がわからないとした者が3割を超えている。さらに，評価に対する意識が低く，評価の実施率も低い。加えて，キャリア教育の評価に関する研修がほとんど実施されていないことから，その状況が改善されないことがうかがえる。今後は，全体計画や年間指導計画の中に，研修も含めて評価の視点をどのように取り入れ，教員の共通理解を図っていくか工夫が求められる。

全体計画
年間指導計画

Column 10　高1クライシスを超えて：学校適応とキャリア教育

　新入学時は，新たな学校への適応をめぐってさまざまな問題が生じやすくなる時期である。たとえば，小学校では「小1プロブレム」，中学校では「中1ギャップ」の問題が以前から指摘されている。高等学校においても，不登校，中途退学など不適応をめぐる問題は，単位制高校を除くと高校1年が最も多い（図1）。不登校生徒のうち中途退学にいたる者も29.6％と多く，中学校から高校へと入学する節目の時期は，同一性拡散の危機とも相まって「高1クライシス」（今西，2008；北海道教育委員会，2011）ともいえる大きな変化のときといえる。

　中途退学の理由について見ると，「学校生活・学業不適応」が34.9％と最も多く（図2），その内訳をみると「もともと高校生活に熱意がない」（13.9％），「人間関係がうまく保てない」（6.0％），「授業に興味がわかない」（5.4％）と続いており（文部科学省，2015），入学前からの課題を抱える生徒も少なくない。その点，新入生の学校適応を促していくためには，入学前からの中学校との連携を踏まえた入学当初の予防的・開発的支援が不可欠である。

　たとえば，年度当初の学級・学年での人間関係づくりや生徒の自己理解を促して学習への動機づけを図る取り組みも有効であろう。また，不適応状態が続くと，自己肯定感や自己有用感が低下し，高校生活全般がストレッサーになりやすくなるため，ストレスマネジメントといった自己管理能力を身に付けることも必要であろう。そうした取り組みがどのような効果を上げたのか，生徒の学級集団や学校生活への適応度を測るためのQ-Uやアセスといったアセスメントツールの活用も必要になる。こうした内容を含んで，アセスメントから支援へとつながる包括的で組織的なオリエンテーションプログラムがあればより効果的である。そして，このようなプログラムをキャリア教育の一部として学校に定着させることで，プログラムの着実な実施を実現できるであろう。

　このように，高校入学当初に生徒の学校適応に向けた予防的支援を図る取り組みの充実が，生徒の人間関係形成能力・社会形成能力や自己理解・自己管理能力を高め，個々のキャリア発達を促すことにつながる。

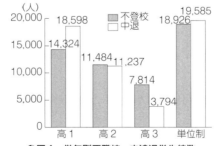

●図1　学年別不登校・中途退学生徒数
（文部科学省，2015より作成）

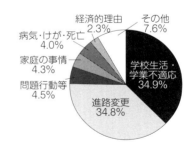

●図2　中途退学の事由別割合
（文部科学省，2015より作成）

11章
高等教育機関でのキャリア教育

1. キャリア教育推進の社会的背景
2. キャリア教育の在り方
3. キャリア教育推進プログラム
4. キャリア教育の課題と展望

1. キャリア教育推進の社会的背景

就職指導　　近年，高等教育機関，とりわけ大学においては，就職指導を「キャリア形成支援」という枠組みに発展させ，その中核に「キャリア教育」を位置づけながら，入学後の早期の段階からのカリキュラム化を積極的に推し進めている。

　　日本社会では長きにわたり，「学歴や学校歴さえしっかりしていれば，一流企業に採用されたり，社会的に威信の高い職業に就くことができる」といった

就労観
職業観　　就労観・職業観がまかり通ってきた。しかし 1990 年代に入ると「将来のキャ
進路選択　　リア形成＝学歴や学校歴の形成」といった観念がゆらぎはじめ，若者の進路選
フリーター　　択にも変化がみられるようになった。中でもフリーターやニートの増加は，若
ニート　　　年者の就労意欲や職業意識の低下として問題視され，大きな社会問題へと発展した。

　　若年者の雇用問題に対し政府全体として対策を講ずるため，内閣府・文部科学省・厚生労働省・経済産業省による「若者自立・挑戦戦略会議」が 2003（平成 15）年 4 月に発足し，6 月には「若年者の働く意欲を喚起しつつ，全てのやる気のある若年者の職業的自立を促進し，もって若年失業者等の増加傾向を転換させる」ことを目的とする「若者自立・挑戦プラン」をまとめた。そこでは

若者自立・挑戦プ　「教育段階から職場定着に至るキャリア形成及び就職支援」等が掲げられ，「キ
ラン　　　　ャリア教育，職業体験等の推進」「日本版デュアルシステムの導入，基礎から
職業体験　　実践にわたる能力向上機会の提供」「専門人材の養成，配置等を通じた就業支援，
デュアルシステム　キャリア形成支援体制の整備」等が具体的にあげられている。

　　若年者の就労意欲や職業意識の育成に注力する一方で，世界同時株安や急速な円高等による景気の急激な悪化によって，雇用環境は非常に厳しい状況に陥り，新規学卒者の就職状況も著しく悪化していった。たとえば大学では，2008（平成 20）年 3 月卒までは緩やかながらも就職（内定）率の上昇傾向がみられたが，同年 9 月に起きたリーマン・ショックの影響で，就職氷河期の水準をも下回るような厳しい状況が数年続いた（図 11-1 参照）。

　　こうした厳しい状況での雇用確保に取り組むため，2009（平成 21）年 10 月に「緊急雇用対策」が政府一体となってとりまとめられ，就職環境の改善に向

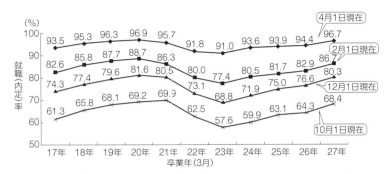

●図 11-1　大学卒業者の就職（内定）率の推移（厚生労働省，2015 より作成）

けての雇用者側に対する働きかけが積極的に行われた。大学等の側に対しても，2010 年 9 月に閣議決定された「新成長戦略実現に向けた 3 段構えの経済対策」を踏まえた「キャリアカウンセラーの増員による就職支援の強化や就業力を向上させるための支援プログラムの充実」や，2011 年 1 月の「卒業前最後の集中支援」実施決定といった働きかけが進められていった。

さらに 2011 年 4 月には，中央教育審議会での議論を受けて，大学設置基準および短期大学設置基準の一部を改正する省令が施行された。その条文内容からは，今回の改正が，学生の社会的・職業的自立のために，大学や短期大学における教育や学生支援が行われるよう，学内組織の有機的な連携や適切な体制整備を求めるものであり，「職業指導（キャリアガイダンス）の義務化」として広く報道され，一般的にも認知されている。

そもそも，学生の就労観や職業観を醸成するために，高等教育機関の果たす役割が大きいことは言うまでもない。しかし高等教育機関への進学のユニバーサル化に伴い，学習意欲に欠ける学生やコミュニケーション能力の乏しい学生も少なからずみられるようになった。その一方で，知識基盤社会の到来，産業構造の変化，グローバル化や少子高齢化の進行等により，高等教育機関の学生に対する期待が高まっている。近年，就職状況は徐々に好転しているが（図 11-1 参照），就職指導やキャリア形成支援としてだけではなく，補償教育（リメディアル教育）としても，キャリア教育は推進されている。

> 社会的・職業的自立
>
> 職業指導
>
> 学習意欲
> コミュニケーション能力
> 知識基盤社会
> グローバル化
> 少子高齢化
>
> 補償教育（リメディアル教育）

2. キャリア教育の在り方

宮下（2010）は大学生のキャリア発達の問題点の一つとして，「自己吟味の欠落」をあげている。そもそも高等教育機関に通う学生にはモラトリアム期にある者が多く，自己のアイデンティティを育むことが期待されている。そのためにも，高等教育機関においては，社会や他者とのかかわりの中で自分の役割を学生自身が見いだし，それを果たしながら自我形成を進め，自分らしい生き方を実現していくための働きかけが必要である。

モラトリアム
アイデンティティ
自我形成

(1) キャリア教育の位置づけ

1999（平成11）年12月に出された中央教育審議会答申「初等中等教育と高等教育の接続の改善について」では，キャリア教育を「望ましい職業観・勤労観及び職業に関する知識や技能を身に付けさせるとともに，自己の個性を理解し，主体的に進路を選択する能力・態度を育てる教育」と定義し，小学校段階から継続的に実施する必要性が強調されている。

それは，高等教育段階においても同様である。国立大学協会は，キャリア教育を「学生（院生を含む）のキャリア発達を促進する立場（目的）から，それに必要な独自の講義的科目やインターンシップなどを中核として，大学の全教育活動の中に位置づけられる取り組み」と考え，「大学におけるキャリア教育のあり方―キャリア教育科目を中心に」としてまとめている（2005年12月）。〈学生全体に対するキャリア教育〉〈個別的キャリア支援・学生指導〉〈自発的学習活動・課外活動等への支援〉の3つの取り組みの構造化を試み，「大学生のキャリア形成と大学におけるキャリア教育」として図11-2のように示している。

ワーキンググループの委員でもあった寺田（2014）によれば，この構想は若者自立・挑戦プランやキャリア教育の推進に関する総合的調査研究協力者会議の報告書にある「学校の教育活動全体を通じ」てというキャリア教育論を継承しつつ，大学教育の所以たる大学の専門教育におけるキャリア教育（学習）の視点を提起したことが特徴になっているという。

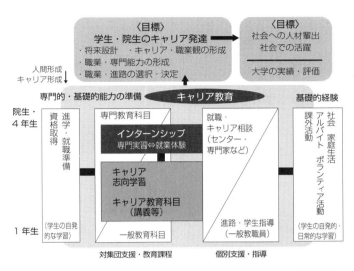

●図11-2 大学生のキャリア形成と大学におけるキャリア教育（国立大学協会教育・学生委員会，2005より作成）

(2) キャリア教育を通して育むことが期待される能力

　2011（平成23）年1月に出された中央教育審議会答申「今後の学校におけるキャリア教育・職業教育の在り方について」では，キャリア教育の目的を「一人一人の社会的・職業的自立に向け，必要な基盤となる能力や態度を育てることを通して，キャリア発達を促す」こととし，その実現のために「基礎的・汎用的能力」等を身に付けることを求めている。

　学校教育で身に付ける力として「生きる力」「社会人基礎力」「就職基礎能力」「人間力」「学士力」等がすでに提示されていたが，これらの概念を整理し，初等中等教育から高等教育までに共通する枠組みとして示されたのが「基礎的・汎用的能力」である。仕事に就くことに焦点を当て，実際の行動として現れるという観点から，「人間関係形成・社会形成能力」「自己理解・自己管理能力」「課題対応能力」「キャリアプランニング能力」に整理されているが（基礎的・汎用的能力については，1章3(2)に詳しいので参照のこと），とりわけ，従来の考え方や方法にとらわれずにものごとを前に進めていくために必要な「課題対

> 基礎的・汎用的能力
>
> 生きる力
> 学士力
>
> 人間関係形成・社会形成能力
> 課題対応能力
> キャリアプランニング能力

ストレスマネジメント
自己理解・自己管理能力応能力」や，若年者に不足していると指摘されることの多い忍耐力やストレスマネジメント，主体的行動といった「自己理解・自己管理能力」は，高等教育機関でのキャリア教育を通して育むことが強く求められている。

(3) インターンシップの推進

インターンシップ　近年は，インターンシップに関する共通した基本的認識および今後の推進方策の在り方の再検討が進められている。

　これまでにも，インターンシップに関する共通した基本的認識や推進方策をとりまとめた「インターンシップの推進に当たっての基本的考え方」を 1997（平成 9）年に作成し，政府・大学等・産業界でその普及・推進を図ってきた。さらなる推進にむけ，文部科学省は「体系的なキャリア教育・職業教育の推進に向けたインターンシップの更なる充実に関する調査研究協力者会議」を設け，2013（平成 25）年 8 月に「『インターンシップの普及及び質的充実のための推進方策について』意見のとりまとめ」として示している。その冒頭「はじめに」において「インターンシップは，大学における学修と社会での経験を結びつけることで，学習意欲学生の大学における学修の深化や新たな学習意欲の喚起につながるとともに，学生が自己の職業適性や将来設計について考える機会となり，主体的な職業選択や高い職業意識の育成が図られる有益な取組」とあるように，大学におけるインターンシップの取り組みの重要性やその活用を求める内容となっている。2014 年 4 月には「インターンシップの推進に当たっての基本的考え方」の見直しを示し，その背景および趣旨説明，「基本的考え方」の新旧対照表といった関係資料も公開している（文部科学省，2014）。

3. キャリア教育推進プログラム

　若年者の就職環境を取り巻く状況に応じて，文部科学省では高等教育機関におけるキャリア教育の推進を財政的に支援するプログラムを推し進めてきた。主なプログラムの概要について，以下に紹介する。

(1) 現代的教育ニーズ取組支援プログラム「実践的総合キャリア教育の推進」

2006および2007（平成18・平成19）年度には、大学等において組織的に実施される質の高い実践的かつ体系的なキャリア教育を推進し、学生の高い職業意識・能力を育成することを目指して、現代的教育ニーズ取組支援プログラム「実践的総合キャリア教育の推進」が進められた。

選定された取組に目をむけると、「学生提案型キャリア形成システム基盤構築―挑戦し、行動する人材育成の実現を目指して」（広島大学）、「大学と地域が育む「ふるさとキャリア」―新しい職業教育分野の創成に向けて」（秋田県立大学）、「追大型自主自立キャリア支援モデルの展開―全学の動機づけとワン・ツー・ワンの相談対応」（追手門学院大学）、「専門性と産業への理解を有する地域人の育成―地域での就業・創業に魅力を感じる体験型教育カリキュラムの開発」（中部学院大学短期大学部）等、各大学の特色を活かしながら、さまざまな勤労体験や啓発的経験等を通して学生の自己理解を促し、自己肯定感、自己効力感、自己有用感を高め、適切な自己決定や職業的自己実現へと導くようなプログラム開発やシステムの基盤構築等がみられる。また、アクティブ・ラーニングを取り入れた多様な取組実践も試行されている（2006［平成18］年度の選定取組の概要および選定理由は、文部科学省、2006を、2007［平成19］年度の選定取組の概要および選定理由は、文部科学省、2007を参照のこと）。

勤労体験
啓発的経験
自己理解
自己肯定感
自己効力感
自己有用感
自己決定
職業的自己実現
アクティブ・ラーニング

(2)「大学教育・学生支援推進事業」就職支援推進プログラム

2009（平成21）年度には、政府一体で取り組むこととなった「緊急雇用対策」を踏まえ、学生の就職率の向上やキャリア形成の促進を図ることを目的とした「大学教育・学生支援推進事業」就職支援推進プログラムが進められた（選定状況については、文部科学省、2010aを参照のこと）。

このプログラムは、大きく2つの取組に分けられている。取組1「就職相談員の配置促進による就職相談の充実」は、大学等への就職相談員（キャリアカウンセラー等）の配置等関係機関と連携した就職相談体系の強化を図る取組を支援するものであり、「地場企業との連携を強め地方学生に有効な就職支援の展開」（旭川大学）、「低学年からの専門相談員相談で高めるキャリア意識と意

欲の向上策」(徳島文理大学・徳島文理大学短期大学部)等，各大学や地域の特質を活かしながら，学生の就職相談やキャリア・カウンセリングの体制強化を目指す取組が選定されている。

<small>キャリア・カウンセリング</small>

<small>教育課程</small>

取組2「就職力を高めるキャリアガイダンスの推進」は，学生の卒業後の社会的・職業的自立につながる教育課程内外にわたる取組(キャリアガイダンス)を支援するものであり，「キャリア教育とキャリア支援の連携による就職力の向上」(神戸国際大学)，「『就職基礎能力』向上を目指したキャリア支援の拡充」(筑紫女学園大学・筑紫女学園大学短期大学部)等，各大学の特質を活かしながら，授業や支援といった枠を超えた教育課程内外にわたる多様な取組が選定されている。

(3) 「産業界ニーズに対応した教育改善・充実体制整備事業」

2010(平成22)年に閣議決定された「新成長戦略実現に向けた3段構えの経済対策」を踏まえ，入学から卒業までの間を通した全学的かつ体系的な指導を行い，学生の社会的・職業的自立が図られるよう教育改革の取組を支援することを目的に「大学生の就業力育成支援事業」が進められ，当初の予定件数を上回る取組が選定された(選定状況については，文部科学省，2010bを参照のこと)。

しかし「大学生の就業力育成支援事業」は予定されていた5か年を待たずに2011年度で廃止となり，2012年度からはその成果を活かしつつ，「産業界のニーズに対応した教育改善・充実体制整備事業」が進められている。この事業は地域ごとの「大学グループ」の取組に対して支援を行うものであり，複数の大学等がグループを結成し，地元企業・自治体・経済団体等との産学連携体制を拡充することで，個々の大学の限界を超える取組を推進するものである。「首都圏に立地する大学における産業界のニーズに対応した教育改善」(青山学院大学等)，「産学協働による学生の社会的・職業的自立を促す教育開発」(新潟大学等)等，各大学等の特質や課題を踏まえ，地域との連携により人材育成や教育改善を図るような取組が選定されている(選定状況については，文部科学省，2012を参照のこと)。

<small>産学協働</small>
<small>地域との連携</small>

さらに上記の取組を【テーマA】とし，その成果を踏まえつつインターン

シップ等の取組拡大を図る事業が，2014（平成26）年度より【テーマB】として実施されている。それぞれの地域でインターンシップ等を推進する組織・団体等との連携のもと，インターンシップ等のマッチングや専門人材の養成等の取組を支援するとともに，本事業を通じて得られた効果的な取組の全国への普及を行うことを目的としている。「東北の『結い』で繋ぐふるさとインターンシップの拡充」（東北インターンシップ推進コミュニティ・岩手県立大学等），「滋京奈地域における産学連携インターンシップ等による人材育成」（滋京奈地域インターンシップ推進協議会・京都産業大学等），「うりずんプロジェクト〜『沖縄型』インターンシップの展開〜」（沖縄地域インターンシップ推進協議会・琉球大学等）等，事前・事後指導等の充実・体系化も含め，インターンシップの普及・定着を目指した取組が選定されている（選定状況については，文部科学省，2015を参照のこと）。

> 事前・事後指導

4. キャリア教育の課題と展望

　最後に，高等教育機関におけるキャリア教育の課題と展望として，以下の3点をあげたい。

　第1に，「キャリアセンターの人材育成」である。学内組織の有機的な連携や適切な体制整備が求められる中で，「教員と職員の関係」は重要なカギとなる。そのハブとしての役割が期待されているのがキャリアセンターである。谷内(2005)は，大学の就職部門がキャリア支援機能を果たしていくための一つの課題として「就職部門と教学部門の連動」をあげている。キャリアセンターは学生の就職支援に対してこれまでにも大きな役割を果たしてきたが，今後は，産業界との連携が求められるインターンシップも含め，キャリア教育を教職員協働で展開するための役割も期待されている。そのような重要な役割を担う人材の育成や確保は，今後の大きな課題である。

> キャリアセンター

> 産業界との連携

　第2に，「自校のキャリアデザイン・ポリシーに基づくキャリア教育」である。前節では文部科学省による主なキャリア教育推進プログラムを紹介したが，その取組内容はプログラム事例集（たとえば，日本学生支援機構，2013）や各大学等のホームページ等に具体的に示されている。小樽商科大学のように，自校

独自の取組について書籍等を刊行し（小樽商科大学地域研究会，2010），具体的に公表している大学もある。こうした先進的な取組をヒントにしながら，自校の現状や課題，学生の発達段階を含めた学生理解に重きを置いたキャリア教育を，自校のキャリアデザイン・ポリシーに基づいて展開していくことが求められる。たとえば昭和女子大学では，全学および全学科ごとに「キャリアデザイン・ポリシー」，および学科ごとの「目指す職業と履修モデル」を公表し，全学共通のキャリアコア科目を1年次より必修で設置するなど，体系的に学生自身の意欲の涵養に努めている。

　第3に，「キャリア教育の検証改善」である。藤田（2014）は，今後のキャリア教育のさらなる充実のためにすべきことの筆頭として，検証改善サイクル（PDCAサイクル）に基づくキャリア教育の取組をあげている。前節で示したように，高等教育機関におけるキャリア教育を推進すべく，少なからずのプログラムが展開されてきたが，その取組に対する検証改善が十分になされてきたとはいいがたい。その結果，財政支援が終了した後には，その取組を通して目指した成果や効果を看過したがゆえに形骸化してしまったものもあるのではなかろうか。藤田（2014）は「実践したことそのもの」を対象とする「アウトプット評価」はこれまでのキャリア教育において比較的浸透していたが，今，より強く求められているのは「実践によって得られた成果や効果」を評価する「アウトカム評価」であると指摘している。取組を形骸化させず，質の向上を図るためにも，「アウトカム評価」を用い，次期計画への改善へつなげていくことが必要である。

Column 11　「時間的展望」を幹とした体系的なキャリア教育プログラム

　高等教育機関，とくに大学において，「キャリア教育」と称される取組はきわめて多様である。

　たとえば梅澤（2007）は，大学におけるキャリア教育と実践の中核にあるのは，キャリア・カウンセリング論的アプローチと就職試験対策アプローチであると指摘している。川喜多（2007）は，「就職技法教育」「適職選択教育」「自己理解教育」「職業知識教育」「職業能力教育」「職業倫理教育」「積極態度教育」等，キャリア支援ブームの中で，その導入期の混乱もあって，多くの内容が混在していると述べている。望月（2011）によれば，日本学生支援機構による全国調査で「大学が必修科目として設定したキャリア科目」の名称をたずねたところ，「キャリア」とつく主なものだけでも，以下のように，包括的なもの，学部の特性を意識したもの，演習・実習形式であることを示すもの，就職活動や資格取得を意識したものなど，きわめて多様な回答を得たという。

●表　大学の必修キャリア科目の名称例（「キャリア」を含む主なもの）

キャリア教育／キャリアプランニング／キャリアデザイン／ライフプラン・キャリアプラン／キャリア形成論／キャリアサポート／キャリアガイダンス／キャリアクリエイト／キャリアスタディ／キャリアスタンダード／キャリア戦略／キャリア対策／キャリアアップ／キャリアスキル演習／キャリア・フィットネス論／自己実現とキャリアデザイン／キャリア発展セミナー／キャリアを考える／キャリア設計と業界研究／キャリア設計と企業研究／キャリア設計と自己表現／キャリア開発の基礎／キャリアカウンセリング基礎／観光キャリア開発／テクノキャリアゼミ／スポーツキャリア開発／社会情報キャリア実習／福祉キャリア研究／企業社会とキャリア形成／技術系のキャリア形成／国際キャリア開発／キャリアに活かす情報機器

　初等・中等教育機関における「キャリア教育」はきわめて教育的な意義が強いのに対し，高等教育機関においては，その推進力となった社会的背景からみても，就職（活動）支援としての意義や要素が強い感は否めない。卒業生の就職状況は受験者が大学を選ぶ際の重要な指標となっており，こうした点からみても，「キャリア教育」の充実は多くの大学で喫緊の課題となっている。

　しかし本来の「キャリア」とは，職業だけをさすのではなく，ましてや就職（活動）だけをさすものでもない。「キャリア教育」を展開する際には，「職業キャリア」を含めた「ライフキャリア」の視点が重要であり，かつ，「将来」にばかり目を向けず，レヴィン（Lewin, 1951）のいう「過去」「現在」も含めた「時間的展望」の視点を学生にもたせることも必要である。

　大学における多様な「キャリア教育」には，それぞれの意義がある。学生の主体性や思考力の育成といった要素も紡ぎ合わせながら，「自身の過去を省察し，当事者として将来をイメージし，そのために現在何をすべきなのか」といった「時間的展望」を幹とするような体系的な働きかけが，教育機関としての大学等には求められるのではなかろうか。

12章 特別支援教育におけるキャリア教育

1. 特別支援教育におけるキャリア教育の意義
2. 特別支援教育における授業および教育課程の改善のための具体的方策
3. 特別支援教育におけるキャリア発達支援の実際
4. 今後の課題と展望

1. 特別支援教育におけるキャリア教育の意義

(1) 共生社会の形成とキャリア教育

学校教育法

　2007（平成19）年の学校教育法の改正により，障害のある児童生徒等に対する教育は「特殊教育」から「特別支援教育」へと名称を改め，対象を特別支援学校や特別支援学級，通級による指導等の特別な教育の場のみならず，その範囲を通常の学級に拡大した。このことは，すべての教育の場において特別な教育的ニーズを有する児童生徒等が在籍する可能性があることや，その対応が求められることを明確に示す，大きなパラダイムチェンジであったといえる。

　この前年，わが国は国連が採択した障害者の権利に関する条約（以下，権利条約）に署名しており，その後各省庁における関係法令の整備を進め，2014（平成26）年に権利条約を批准し，締結にいたった。教育分野における関係法令の大本といえる障害者基本法第16条において，障害のある者とない者が共に学ぶ「交流及び共同学習」等を手段の一つとしつつ，障害のある者にとっての「十分な教育」を実現することが必要であることや，そのための体制整備が必要であることが示された。「十分な教育」については，2012（平成24）年7月に中央教育審議会初等中等教育分科会（2012）が報告した「共生社会の形成に向けたインクルーシブ教育システム構築のための特別支援教育の推進」（以下，インクル報告）において，「それぞれの子どもが，①授業内容が分かり，②学習活動に参加している実感・達成感を持ちながら，③充実した時間を過ごしつ

生きる力

つ，④生きる力を身に付けていけるかどうか，これが最も本質的な視点であり，そのための環境整備が必要である」（番号は筆者による）と示されている。このことは，教師による教え込みではない，本人なりの「学ぶこと」に対する意味づけや価値づけを重視する教育の重要性を示唆するものであり，障害のある者にとってのキャリア発達支援の充実を求めるものであるととらえることができる。なお，本報告では，その名称のとおり，これらを大切にした特別支援教

共生社会
インクルーシブ教育システム

育の一層の充実が，わが国の目指す「共生社会」の形成および「インクルーシブ教育システム」の構築に資する旨を明確に示している。

(2) 特別支援教育分野におけるキャリア教育への注目とその背景

　特別支援教育分野におけるキャリア教育への注目の高まりは，特別支援学校学習指導要領およびその解説（文部科学省，2009）に「キャリア教育の推進」が明示されたことが契機となった。特別支援教育は，特殊教育の時代から，「自立と社会参加」を重視し展開してきた経緯があるが，この告示および公示を機に，キャリア教育を積極的にとらえようとする動きがみられた。とりわけ，特別支援学校の多くを占める知的障害特別支援学校において注目され，2011（平成23）年の全国特別支援学校長会（2011）による実態調査では，約4割の知的障害特別支援学校の学校課題および研究課題に「キャリア教育」「進路指導」「職業教育」があげられた。その後，キャリア教育を研究課題に取り上げる特別支援学校は増加し，他の障害種別の特別支援学校にも広がってきている。しかしながら，一方で通常の教育と同様に，キャリア教育を学校生活から職業生活への移行の問題と狭義にとらえ，「就職のための指導」という誤解が生じるなどの混乱も見受けられた。とくに障害が「重い」といわれる児童生徒や小学部段階の児童は対象外ととらえてしまうなど，キャリア教育の理念と本来的意義を理解することの難しさが課題としてあげられた（菊地，2013）。

　このようにさまざまな混乱があった中で，特別支援教育分野においてキャリア教育への注目が急速に高まった背景としては，次の3点があげられる。

　1点目は，サラマンカ宣言（1985年）や上述した権利条約（2014年）にみられるように，障害のある人のエンパワーメントを大切にした「本人参画」の必要性や，生涯にわたる支援の充実が求められていることがあげられる。このことは障害のある人にかかわるさまざまな分野において「個別の支援計画」等の作成が進められてきていることなどに表れている。

　2点目は，特別支援学校の小・中・高各学部，あるいは小・中学校における特別支援教育において，指導内容および指導方法の一貫性・系統性の見直しを求める学校が少なくないことがあげられる。その理由としては，生徒一人ひとりの実態を踏まえた「特別の教育課程」では，その自由度が大きいことから，一貫性・系統性の課題が生じる可能性を有していることが指摘される。

　3点目は，1点目の背景と同様に「本人の願い」や「意思決定」を大切にし

［欄外キーワード：特別支援学校学習指導要領／移行／エンパワーメント／個別の支援計画／特別の教育課程／意思決定］

た教育の一層の充実が求められていることがあげられる。障害のある児童生徒は、その学習上または生活上の困難さから、障害のない児童生徒に比べて成功経験が得られにくく、その結果、自己肯定感や自己有用感が低くなりがちであることや、限られた経験になりがちであるため、将来への「夢や希望」をもちにくい状況に置かれていることが指摘される。マズロー（Maslow, 1954）の「欲求階層説」を踏まえると、たとえば重度・重複障害の状態にあり、常時医療的な対応が求められる児童生徒にとっては、生命の維持・安定を求める「生理的欲求」があり、知的障害と自閉症スペクトラム障害を併せ有する児童生徒にとっては、周囲の環境の変化がもたらす困難の回避を求める「安全欲求」があり、知的障害をはじめ、多くの障害のある児童生徒にとっては、「認められたい」「コミュニティ等に所属したい」という「愛情・所属欲求」「尊厳（自立）欲求」があることが推察され、これらは、児童生徒の障害の状態による特徴的な欲求と考えられる。もちろん、それぞれの児童生徒には、それ以外の欲求も存在するのであり、さまざまな教育活動を通してこれらの欲求を満たしていく先に「自己実現欲求」があるととらえることができる。

　また、スーパー（Super, 1980）はライフスパン・ライフスペース・アプローチを提唱している（2章3(2)参照）。この理論では、時間の変化（ライフスパン）だけでなく、人生の中で果たすさまざまな役割の広がり（ライフスペース）に着目する。それにより、「職業人」としての「人生役割」に限定しない、多様な障害の状態にある児童生徒一人一人のキャリアを理解し支援することが可能となる。ライフキャリアの考えは、彼らの「生き方」や「在り方」への支援を考えるうえで有効であり、特別支援教育分野においては、この「ライフキャリア」の視点から教育活動全体を見直すことがより求められる。なお、キャリアの基本要素（渡辺, 2007）の一つである「環境との相互作用」を踏まえ、ライフ・キャリア・レインボー（2章参照）が示す「その他の役割」に着目し「障害を有する」ことをとらえ直すと、彼らが教師をはじめとする支援者側のキャリアに大きな影響を与えていることが指摘できよう。このことは、後述する地域協働活動における環境側の発達・変化や開発、共生社会の形成に向けた可能性を示唆するものであるといえる。

2. 特別支援教育における授業および教育課程の改善のための具体的方策

　キャリア教育は，発祥の地であるアメリカで，マーランド（Marland, 1974）が提唱した教育改革運動の一つであり，キャリア発達を支援する視点から授業および教育課程を改善することを本来的意味とする。特別支援教育においては，「特別の教育課程」として学習上または生活上の困難を克服・改善するための指導である「自立活動」の位置づけのほか，「知的障害者である児童生徒に対する教育を行う特別支援学校の各教科」（以下，知的の各教科）の位置づけや，各教科等を合わせて指導を行うこと，さらには自立活動を主とする教育課程を編成することが可能である。自由度が高く，個に応じた柔軟性のある編成が可能である一方で，上述した一貫性・系統性の課題が指摘されている。

　その解決方策の一例として，国立特別支援教育総合研究所（以下，特総研）では，国立教育政策研究所（以下，国研）生徒指導研究センターが示した4領域8能力に基づき，学習指導要領およびその解説に示されている知的の各教科の内容や職業的カリキュラムの系統性（Henley-Maxwell & Klingenberg, 2004）を参考として，各学部（学校）段階における「育てたい力」を明確にした「知的障害のある児童生徒の『キャリア発達段階・内容表』（試案）」（国立特別支援教育総合研究所，2008）およびその解説を作成した。その後，学習指導要領の改訂とライフキャリアの視点を踏まえた改訂版である「知的障害のある児童生徒の『キャリアプランニング・マトリックス』（試案）」（国立特別支援教育総合研究所，2010）（表12-1；以下，マトリックス）およびその解説を作成するなど，各授業等におけるねらいを明確化するためのフィルターとしてこれらを活用することを提案している。

　同時に特総研では，マトリックスの活用方策として，授業改善や教育課程，個別の教育支援計画等の改善を図るための複数のツールを提案した。これらは，知的障害教育を中心に，さまざまな障害種別の特別支援学校で参考とされ，学校研究等を通して各授業の意義や価値を再確認し，教育活動全体を見直すとともに，組織的にキャリア教育を推進するためのツールとして活用されてきた。とくに「本人の願い」を重視し，その願いに基づき，複数の関係者が指導・支援

キャリア発達

自立活動

キャリアプランニング・マトリックス

● 表 12-1　知的障害のある児童生徒の「キャリアプランニング・マトリックス」（試案）
（国立特別支援教育総合研究所，2010）

キャリア発達の段階		小学部（小学校）
キャリア発達段階の解説と発達課題		職業及び生活にかかわる基礎的な能力獲得の時期
		未分化であるが、職業及び家庭・地域生活に関する基礎的能力の習得と意欲を育て、後の柔軟性に必要な統合的能力習得の始まりの時期である。キャリア発達の視点からは、学校及び生活に関連する諸活動のすべてにおいて、遊びから目的が明確な活動へ、扱われる素材が身近なものから地域にある素材へ、援助を受けながらの活動から自主的・自立的活動へと発展しながら全人的発達をとげる時期であり、働くことに対する夢や意欲を育てる。
職業的（進路）発達にかかわる諸能力		小学部段階において育てたい力
能力領域		
人間関係形成能力　他者の個性を尊重し、自己の個性を発揮しながら様々な人々とコミュニケーションを図り、協力・共同してものごとに取り組む。	具体的な活動を通して、自分や他者のよい点を知り、学校教育における諸活動をより良く展開していくために必要な人とのかかわりを形成するとともに、協力・共同して集団活動における役割を果たすための能力の育成に関する領域である。また、社会生活を送る上で必要となる適切な意思表現の力を高め、社会生活における様々な活動に参加するために、場や状況に応じて適切に行動するための能力の育成に関する領域である。	幼児期からの遊びを中心とした発達全体の促進　人とのかかわり　●自分の良さへの気づき　●友達の良さの気づき　集団参加　●大人や友達とのやりとりと集団活動への参加　意思表現　●日常生活に必要な意思の表現　挨拶・清潔・身だしなみ　●挨拶、身だしなみの習慣化
情報活用能力　学ぶこと・働くことの意義や役割及びその多様性を理解し、幅広く情報を活用して、自己の進路や生き方の選択に生かす。	それぞれの職業が人々の生活にとって欠かせないものであることを実際的な活動を通して理解するとともに、自らにとって興味のある活動や職業等に関して様々な情報を収集し活用するための能力の育成に関する領域である。また、労働の対価としての報酬の価値に気づき、社会生活を営む上で必要なルールの理解とそれに沿って行動することや社会の様々な制度の理解とそれらを活用するために必要な能力の育成に関する領域である。	様々な情報への関心　●仕事、働く人など身の回りの様々な環境への関心　社会資源の活用とマナー　●地域社会資源の活用と身近なきまり　金銭の扱い　●体験を通した金銭の大切さの理解　はたらくよろこび　●自分が果たす役割の理解と実行
将来設計能力　夢や希望をもって将来の生き方や生活を考え、社会の現実を踏まえながら、前向きに自己の将来を設計する。	職業に対する憧れをもち、様々な活動において達成感や充実感をもつ経験を積み重ねることを通して、新しい生活や働くことに期待をもつ。また、職業や社会の中で自立した生活を送るための必要な役割遂行の能力、及び職業生活に必要な習慣形成のための能力の育成に関する領域である。	習慣形成　●家庭、学校生活に必要な習慣づくり　夢や希望　●職業的な役割モデルへの関心　やりがい　●意欲的な活動への取組
意思決定能力　自らの意志と責任でよりよい選択、決定を行うとともに、その過程での課題や葛藤に積極的に取り組み克服する。	選択肢の意味を理解して選択・決定することとともに、選択に伴って実行することを通して責任を果たすことの意味を理解する。また、課題解決する力を育てるために、自らの判断で目標を決めること、及び結果に対して自ら評価するための能力や、葛藤場面に対して様々な選択肢があることを理解し、より良い選択を目指す態度の育成に関する領域である。	目標設定　●目標への意識、意欲　自己選択　●遊び、活動の選択　振り返り　●活動の振り返り
知的障害の各教科の段階との関連		教師の援助を受けながら体験し、基本的な行動を一つ一つ身に付けていく段階（小学部1・2段階）　／　主体的に、社会生活につながる行動を身に付けていく段階（小学部3段階）

12章 特別支援教育におけるキャリア教育

中 学 部 （中 学 校）	高 等 部
職業及び生活にかかわる基礎的な能力を土台に、それらを統合して働くことに応用する能力獲得の時期	職業及び卒業後の家庭生活に必要な能力を実際に働く生活を想定して具体的に適用するための能力獲得の時期
小学部段階で積み上げてきた基礎的な能力を、職場（働くこと）や生活の場において、変化に対応する力として強化できるようにしていく時期である。キャリア発達の視点からは、職業生活に必要な自己及び他者理解（自らのよさや仲間のよさ）を深め、実際的な職業体験を通して自らの適性に気づき、やりがいや充実感の体験を通して、職業の意義、価値を知ることを学ぶ。自己の判断による進路選択を経験する時期である。	中学部段階で培ってきた能力を土台に、実際に企業等で働くことを前提にした継続的な職業体験を通して、職業関連知識・技術を得るとともに、職業選択、及び移行準備の体験である。キャリア発達の視点からは、自らの適性ややりがいなどに基づいた意思決定、働くことの知識・技術の獲得と必要な態度の形成、必要な支援を適切に求め、指示・助言を理解し実行するか、職業生活に必要な習慣形成、経済生活に必要な知識と余暇の活用等を図る時期である。
中学部段階において育てたい力	高等部段階において育てたい力
自己理解・他者理解	
●達成感に基づく肯定的な自己理解、相手の気持ちや考え、立場の理解	●職業との関係における自己理解、他者の考えや個性の尊重
協力・共同	
●集団における役割の理解と協力	●集団（チーム）の一員としての役割遂行
●社会生活に必要な意思の表現	●必要な支援を適切に求めたり、相談したりできる表現力
場に応じた言動	
●状況に応じた言葉遣いや振る舞い	●TPOに応じた言動
情報収集と活用	
●進路をはじめ様々な情報の収集と活用	●職業生活・社会生活に必要な事柄の情報収集と活用
	法や制度の活用
●社会の仕組み、ルールの理解	●社会の様々な制度やサービスに関する理解と実際生活での利用
金銭の使い方と管理	消費生活の理解
●消費生活に関する基本的な事柄の理解と計画的な消費	●労働と報酬の関係の理解と計画的な消費
役割の理解と働くことの意義	
●様々な職業があることや働くことに関する体験的理解 ●学校生活、家庭生活において自分が果たすべき役割の理解と実行	●職業及び働くことの意義と社会生活において果たすべき役割の実行
●職業生活に必要な習慣形成	●職業生活に必要な習慣形成
●将来の夢や職業への憧れ	●働く生活を中心とした新しい生活への期待
生きがい・やりがい	
●様々な学習活動への自発的な取組	●職業の意義の実感と将来設計に基づいた余暇の活用
進路計画	
●目標を実現するための主体的な進路計画	●将来設計に結びつく進路計画
●目標の設定と達成への取組	●将来設計や進路希望の実現を目指した目標の設定とその解決への取組
自己選択（決定・責任）	
●自己の個性や興味・関心に基づいたよりよい選択 ●進路先に関する主体的な選択	●産業現場等における実習などの経験に基づく進路選択
肯定的な自己評価	
●活動場面での振り返りとそれを次に生かそうとする努力	●産業現場等における実習などにおいて行った活動の自己評価
自己調整	
●課題解決のための選択肢の活用	●課題解決のための選択肢の活用
生活経験の積み重ねを考慮して、社会生活や将来の職業生活の基礎的内容を学ぶ段階（中学部1段階）	卒業後の家庭生活・社会生活・職業生活などを考慮した基礎的内容から発展的内容を学ぶ段階（高等部1・2段階）

※本試案における「能力」とは，コンピテンシーのことを指す

の目的・内容・方法を検討し共有する PATH（Planning Alternative Tomorrow with Hope；Pearpoint et al., 1993。Column12 を参照）は，肢体不自由や重度・重複障害教育においても活用がみられてきている。

> 4領域8能力
> 基礎的・汎用的能力
> 社会的・職業的自立

しかしながら，その一方でキャリア教育＝「4領域8能力」や「基礎的・汎用的能力」等の社会的・職業的自立のための狭義の能力の育成という限定的な理解にとどまっているケースも散見された。キャリア教育は，現定義（中央教育審議会，2011）において「能力や態度を育てることを通してキャリア発達を促す教育」と示されており，「キャリア発達」を促すことに留意する必要がある。すなわち，「教え込み」による知識・技能等の能力育成ではなく，児童生徒等にとっての経験する「もの」「こと」等に対する見方や向き合い方の変化を促す「支援」が求められるのである。

> コンピテンシー

なお，キャリア教育における「能力」はコンピテンシー（competency）であり，「できる・できない」といった現有能力を意味する ability ではない。コンピテンシーは「対処する力」を意味する能力観であり，「育成」の姿勢が求められるものである（渡辺，1998）ことを改めて踏まえておきたい。

3. 特別支援教育におけるキャリア発達支援の実際

(1) 知的障害教育における教育課程の特徴

知的障害教育では，小学部においては知的の各教科「生活科」（1971［昭和46］年の学習指導要領改訂で設定されたものであり，小学校における「生活科」とは内容が異なる）を中心とした各教科等を合わせた指導である「生活単元学習」等が，中学部においては「職業・家庭科」，高等部においては「職業科」を中心とした各教科等を合わせた指導である「作業学習」が教育課程の中心に位置づけられている。また，その一環として職場体験等も行われている。知的の各教科は，いわゆる「育成すべき能力」（あるいは「育てたい力」）を踏まえた「機能的」な内容で構成されており，各教科等を合わせた指導においても，あるいは教科別の指導においても，より実際的な状況を踏まえ，自立と社会参加を目指した実践が取り組まれてきた経緯がある。そのため，表12-1に示し

> 職場体験

たマトリックスなどの「育てたい力」の枠組みをフィルターとして活用することで、「意味づけ」や「価値づけ」「重みづけ」「関連づけ」がより可能となるのである。

また、高等部においては、作業学習や職場体験に加え、「産業現場等における実習」（以下、現場実習）として、従来から1～3週間程度にわたるインターンシップが実施されてきており、さらに専門学科を設置する高等特別支援学校においては、長期間に及び現場実習をくり返すデュアルシステムを導入している学校もみられるなど、職業教育を重視している点も特徴の一つといえよう。

> 産業現場等における実習
> デュアルシステム
> 職業教育

(2) 地域協働活動の意義と実践

森脇（2014）は、障害のある生徒が職業的自立を目指すうえで、量的なアプローチとしてのデュアルシステムと質的なアプローチとしてのキャリア発達支援の2つの側面が必要であることを指摘している。また、これらを踏まえた取り組みを「地域協働活動」と称し、地域において他者とともに活動することの意義について述べている。

> 地域協働活動

地域協働活動では、必要とされる学校、必要とされる生徒を目指すことが協働の視点となり、生徒が地域から感謝や期待の声をかけられることを通して「必要とされる実感」を感じ取る経験を最も大切なねらいとしている。地域の中で「役割」を担うことには、「責任」が生じる。責任とは、「負わされる」ものではなく、「自ら進んで他者の求めにくり返し応える」ことを通して理解・形成されるものであり、そのことが生徒の自己肯定感や自己有用感、自尊感情の育ちにつながる。他方、受け入れる者にとっても生徒に対する理解が促されるなど、環境側のキャリアも開発されるのである。

> 役割

生徒がこのような実感を得られるようにするための手段の一つとして再考したいものが「評価」である。評価においては、結果を可視化することや、本人が行うこと、他者からの評価や自己評価との差異に着目すること、過去と比較することなど、さまざまな活用の視点がある。評価は、本人に課題を提示し否定するためのものではなく、あくまでも本人の「気づき」を促し、今後を展望できるようにするためのものである。よって、評価は肯定的であるべきであり、その活用にあたっては、まさしく生徒との関係性や対話力が求められる。

> 評価

| 事前・事後指導 | 　現場実習などの事前・事後指導は，集団を対象としたガイダンスが一般的であり，個別に対応するカウンセリングはなかなか設定しにくい状況にあるが，キャリア・カウンセリングを意識し，個別に対話する時間や場を設定している学校もみられる。このような振り返りや対話によって把握した，期待目標である本人の「願い」を踏まえて，授業等における到達目標である「ねらい」に転換するためのツールとしてPATHがあげられる。PATHによる諸支援計画やポートフォリオの活用により，生徒の現場実習での振り返りを日常的に行われる各教科の指導につなげている学校もみられる。

　学校ではフォーマルな形だけでなく，インフォーマルなさまざまな対話場面がある。知的障害や発達障害のある生徒は，相談すること自体が苦手である者も少なくないため，日常的な自然な文脈において対話を通した生徒の状態の把握と生徒の気づきを促す働きかけを心がけたい。

4. 今後の課題と展望

　特別支援教育におけるキャリア教育の今後の課題としては，次の3点があげられる。

　1点目は，組織的取り組みである。キャリア発達を支援する教育は，教育活動全体を通して行われるべきものである。特別支援教育においては，複数の教職員がティーム・ティーチングによって授業を行うことが一般的である。また，一人一人の12年間の学びをどのようにつなぐかが問われていることから，改めて全教職員が児童生徒の「学生（学ぶ者）」の役割を中心としたキャリア発達支援および自身の「職業人」の役割を中心としたキャリア形成の在り様を念頭に置き，キャリア教育の組織的理解に努め，連携・協働する必要がある。

　2点目は，重度・重複障害といわれる児童生徒へのキャリア発達支援の在り方である。どのような障害の状態であっても「キャリア」は個々にあるということを踏まえ，ライフキャリアの視点から多様な「役割」への支援の充実が望まれる。そのためにはキャリア発達支援の視点からこれまでの重度・重複障害教育の取り組みを振り返り，実践の「意味づけ」や「価値づけ」をすること，さらには「重みづけ」や「関連づけ」をしていくことが求められる。

(左側余白の見出し語: 事前・事後指導／キャリア・カウンセリング／ポートフォリオ／キャリア形成)

3点目は,「共生社会」の形成に向けた取り組みの充実である。インクル報告では,共生社会について「これまで必ずしも十分に社会参加できるような環境になかった障害者等が,積極的に参加・貢献していくことができる社会」であり,「誰もが相互に人格と個性を尊重し支え合い,人々の多様な在り方を相互に認め合える全員参加型の社会」と定義している。障害のある児童生徒にとって,早期から地域の中で「役割」を担い,「役に立つ経験」が得られることは,自立し社会参加していくうえでとくに重要な意味をもつ。近年,小学部（小学校）段階から放課後に商店街をはじめとする地域の中で無理のない「働く」経験をくり返す「ぷれジョブ」が進められてきているが,ぷれジョブは,早期から地域全体で障害のある児童生徒を理解し,支援の充実につながる win-win の関係を築くものとなっている。

　これまでの特別支援教育の多くの実践事例が示唆するように,地域協働学習などのすべての教育活動をキャリア発達支援の視点からとらえ直すことは,児童生徒の自己肯定感や意欲の高まりにつながる改善の機会となると同時に,授業を行う教師,あるいは障害のある児童生徒を受け入れる産業現場やかかわる者にとって重要な気づきや,変化を促す契機となる。

　障害の有無や学校種あるいは学校と地域といった場や年齢などの「違い」は障壁ととらえられがちであるが,むしろ新たなものを生み出すチャンスとなり得る。児童生徒の変化をていねいにとらえ直すと同時に,環境側の変化にも目を向け,キャリア発達の相互性や同時平行性を再確認するとともに,効果的な実践の在り方について再考し,充実を図ることが,わが国が目指す共生社会の形成に資すると考える。

> ぷれジョブ

Column 12　PATH（Planning Alternative Tomorrow with Hope）

　特別支援学校等では，関係諸機関の連携・協働による児童生徒一人一人の支援の充実を図ることを目的として，一人一人の特別な教育的ニーズを踏まえた支援方策等について明記した個別の教育支援計画および個別の指導計画が作成されている。「本人中心の計画づくり」と効果的な活用の具体的な方策としては，「PATH(Planning Alternative Tomorrows with Hope)」や「MAPS(Making Action Plan)」「よい経験（Good Experiences）」などがあげられる。

　PATHは，「希望に満ちたもう一つの未来の計画」を略した名称で，図のようなステップにより，本人や関係者が「幸せの一番星（夢）」を目指してゴールを設定するとともに，その達成のために具体的な支援策を話し合い，段階を踏んで支援方策の検討を円滑に進めるツールである（Falvey et al., 2003）。その効果としては，①支援者が支援の出発点となる「本人の願い」の重要性に気づくこと，②支援者相互の共同性や支援の必然性を高めることなどがあげられる。

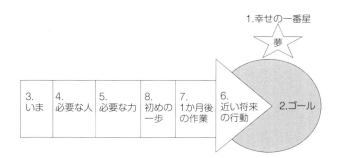

●図　PATHの概要図（Pearpoint et al., 2001 より作成）

　PATHは本人の「願い」（期待目標）に基づき「ねらい」（到達目標）を設定することの重要性を示唆しており，指導・支援の在り方を再考することにもつながる。支援者の意識変容やチームの共同性・組織性の強化は，その後のアクションプランの実効性にもつながるため，今後，PATHの活用による「本人を中心とした」計画の作成とともに実践の充実が期待される。

13章 生涯にわたるキャリア教育

1. わが国におけるキャリア教育開始の背景
2. 生涯にわたるキャリア発達における学校の役割
3. 基礎的・汎用的能力
4. 労働市場の変化
5. 社会人の学習
6. 環境変化を前提としたキャリア発達

1. わが国におけるキャリア教育開始の背景

「キャリア教育」という言葉がわが国の公文書に初出したのは，1999年12月，中央教育審議会「初等中等教育と高等教育との接続の改善について（答申）」である。この答申は「接続答申」と呼ばれ，学校種間の接続だけでなく，学校と社会の接続を以下のように求めている。

> 「学校と社会及び学校間の円滑な接続を図るためのキャリア教育（望ましい職業観・勤労観及び職業に関する知識や技能を身に付けさせるとともに，自己の個性を理解し，主体的に進路を選択する能力・態度を育てる教育）を小学校段階から発達段階に応じて実施する必要がある」（第6章）

この答申が出された背景には，①グローバル化の進展，②テクノロジーの進化，③人口構成の変化（少子高齢化，長寿化）から生じる市場の変化，④サービス経済化の進展による産業構造の変化，⑤モノなどのハードではなく知識などのソフトが重視される知識基盤社会の到来によって，労働者に高付加価値を生み出す高度な能力が求められるようになったことがあげられる。第二次産業就業者数が減少する一方で，第三次産業就業者は増加を続け，2010年の国勢調査では全就業者数の7割を超えた。こうした産業構造の変化は，個人に対して学歴や成績だけでなく，コミュニケーション能力などの基礎的・汎用的能力を求めるようになった。

そして，このような労働市場の変化を背景に，若年失業者・若年無業者の増加（約100万人），非正規雇用者（いわゆるフリーターを含む）の増加（約200万人）・就職後3年以内の早期離職者の増加が政策課題とされ，2003年には，文部科学大臣・厚生労働大臣・経済産業大臣および経済財政政策担当大臣から成る若者自立・挑戦戦略会議によって「若者自立・挑戦プラン」が策定された。同プランでは，若者失業者等の増加傾向を転換させることを目的に，2003～2006年までの3年間にわたって教育・雇用・産業政策の連携が推進されることとなり，わが国におけるその後のキャリア教育の推進を加速させた。

［欄外用語］
知識基盤社会
コミュニケーション能力
フリーター
早期離職者
若者自立・挑戦プラン

13章 生涯にわたるキャリア教育

　その後，文部科学省・厚生労働省・経済産業省の3省による取り組みが具体化された。文部科学省は，「教育段階から職場定着に至るキャリア形成及び就職支援」として，キャリア教育や就業体験等の推進を行うことになった。厚生労働省は，実習先で働きながら職業訓練を受ける，日本版デュアルシステムの導入やキャリア・コンサルティングを行う人材の能力要件の明確化や養成を行うことによって，キャリア・コンサルタントのハローワークや学校への配置を目標とした。また，職に就かず，通学などもせず，求職活動もしていない若年無業者を対象とした地域若者サポートステーションを整備し，若年無業者のためのコミュニケーション訓練や職場体験先を紹介するなど，就労に向けた支援を開始した。経済産業省は，若年者のためのワンストップサービスセンター，通称ジョブカフェを整備することを若年者支援の目玉とした。ジョブカフェは，地域の実情を踏まえたうえで，若年者に対する職業や能力開発，創業支援に関する情報提供，インターンシップ等就業体験機会の確保やキャリア・コンサルティングを行う場として設置された。

キャリア形成

日本版デュアルシステム

キャリア・コンサルタント
ハローワーク
若年無業者
地域若者サポートステーション

ジョブカフェ

2. 生涯にわたるキャリア発達における学校の役割

　前述のように，国や自治体の施策が進む中で，学校の中でもキャリア教育が進められてきた。キャリア教育の黎明期は，小学校では，町探検や農業体験，中学校では職場体験，高校ではインターンシップを中心とした活動が行われており，各校における職場体験やインターンシップの「実施率」を向上させることに力点が置かれた（文部科学省，2003）。

　そして，ほとんどの学校で就業体験が定着すると，次に「キャリア教育を通じた生徒の変容をどのようにとらえるか」という議論が始まった。キャリア教育の実践とそれを通した子どもたちの学びの成果を評価するためには，児童・生徒の現状と各学校が設定するキャリア教育の目標（卒業時点での望ましい姿）とのギャップに焦点を当て，生徒が目標をどの程度達成できたかを測定する，アウトカム評価が必要である（国立教育政策研究所，2011）。アウトカム評価の在り方は各校の特色があり，成果につながる行動特性（コンピテンシー）を自己評価する方法や，自己効力感や自己肯定感を測定する方法などがある。い

コンピテンシー

自己肯定感

ずれも現状把握や結果把握のために用いられる方法例であるが，学校で設定した目標によって，現状や結果を把握する方法は異なる。

自己効力感 　自己効力感とは，自分が適切な行動をうまくできるという予測や確信である。進路に対する意思決定など，特定場面での対応について，「できそうかどうか」をたずねることにより，自己効力感を測定する（たとえば坂柳・清水，1990）。自己効力感を高めるには，自分自身が何かを達成したり成功したりした体験をもつこと（成功体験），自分以外の人が体験したり成功したりした経験を観察すること（モデリング），自分に能力があることを言語的に説得されること（社会的説得），気分が高揚していること（心身状態）が有効であるとされている（Bandura, 1977）。特別活動の中で社会人との接点をもつ機会や学校生活での成功体験の機会など，**啓発的経験**をカリキュラムの中に意図的に組み込む**キャリア形成支援**によって自己効力感の醸成に取り組む学校もある。

自己実現 　自己実現とは，ロジャースの定義によると，「自分の潜在的な力を発揮し，人としての存在を高いレベルで達成すること」（Rogers, 1959）である。そして，フランクル（Frankl, 1951 ／霜山訳，1977）は，自己実現について，それが結果であって目的でないことを強調し，自己実現を目的として追求する者が精神的に不安定な状態に陥りやすいと指摘している。「自己実現」をキャリア教育の成果とする学校も多いが，注意が必要だろう。

　キャリア発達に関する学校の役割は，学校から社会に移行するために必要な基礎的・汎用的能力を獲得する機会を設けることだ。キャリア発達は生涯にわたるため，個人が学校を卒業した後に自分自身でキャリア発達を促進し続けられるような育成が求められている。

3. 基礎的・汎用的能力

　2000年代になると，産業界から教育界に対する要望が多く出されるようになった。「人間力戦略研究会報告書」（内閣府，2003），「若者が自立できる日本へ」（経済同友会，2003），「21世紀を生き抜く次世代育成のための提言」（日本経団連，2004），「企業が求める人材の能力等に関する調査」（厚生労働省，2005），「社会人基礎力」（経済産業省，2006）などが代表的なものとしてあげ

られよう。そして，そうした時代の流れに呼応するかのように，2006年には教育基本法が改正され，第2条の2項には「(前略)職業及び生活との関連を重視し，勤労を重んずる態度を養うこと」と明示された。さらに2008年には教育振興基本計画が閣議決定され，小学校段階からのキャリア教育の推進が強く求められた。

2008年には中央教育審議会「キャリア教育・職業教育特別部会」が設置され，「今後の学校におけるキャリア教育・職業教育の在り方について(答申)」の中で，「基礎的・汎用的能力」が定義された。同答申によると，「基礎的・汎用的能力の具体的内容については，「仕事に就くこと」に焦点を当て，実際の行動として表れるという観点から，「人間関係形成・社会形成能力」「自己理解・自己管理能力」「課題対応能力」「キャリアプランニング能力」の4つの能力に整

基礎的・汎用的能力

人間関係形成・社会形成能力

自己理解・自己管理能力

課題対応能力

キャリアプランニング能力

◉表13-1 「基礎的・汎用的能力」を構成する4つの能力（中央教育審議会，2011）

能　力	具体的内容
人間関係形成・社会形成能力	「人間関係形成・社会形成能力」は，多様な他者の考えや立場を理解し，相手の意見を聴いて自分の考えを正確に伝えることができるとともに，自分の置かれている状況を受け止め，役割を果たしつつ他者と協力・協働して社会に参画し，今後の社会を積極的に形成することができる力である。(中略)具体的な要素としては，例えば，他者の個性を理解する力，他者に働きかける力，コミュニケーション・スキル，チームワーク，リーダーシップ等が挙げられる。
自己理解・自己管理能力	「自己理解・自己管理能力」は，自分が「できること」「意義を感じること」「したいこと」について，社会との相互関係を保ちつつ，今後の自分自身の可能性を含めた肯定的な理解に基づき主体的に行動すると同時に，自らの思考や感情を律し，かつ，今後の成長のために進んで学ぼうとする力である。(中略)例えば，自己の役割の理解，前向きに考える力，自己の動機付け，忍耐力，ストレスマネジメント，主体的行動等が挙げられる。
課題対応能力	「課題対応能力」は，仕事をする上での様々な課題を発見・分析し，適切な計画を立ててその課題を処理し，解決することができる力である。(中略)具体的な要素としては，情報の理解・選択・処理等，本質の理解，原因の追究，課題発見，計画立案，実行力，評価・改善等が挙げられる。
キャリアプランニング能力	「キャリアプランニング能力」は，「働くこと」の意義を理解し，自らが果たすべき様々な立場や役割との関連を踏まえて「働くこと」を位置付け，多様な生き方に関する様々な情報を適切に取捨選択・活用しながら，自ら主体的に判断してキャリアを形成していく力である。(中略)例えば，学ぶこと・働くことの意義や役割の理解，多様性の理解，将来設計，選択，行動と改善等が挙げられる。

理した」とある。この4つの能力の具体的な内容は表13-1のとおりである。

キャリア教育・職業教育特別部会で定義されたこの4つの能力は，端的には，対人基礎力・対自己基礎力・対課題基礎力，キャリアプランニング能力であり，前者の3つの基礎力は，経験を通じて獲得されるものである。たとえば，人間関係形成・社会形成能力（対人基礎力）は，自分から話しかけることや他者を受容すること，共通の目標に向かってチームで取り組むこと，リーダーシップの発揮などが含まれるが，これは小学校の段階では，班活動や運動会，縦割り清掃などの経験を通じた獲得が期待される。中学校では，調べ学習や職場体験，クラブ活動，修学旅行など，小学校段階に比べ，多様な他者の力を引き出しながらチームの目標を達成するといった，より複雑な対人基礎力の獲得が期待される機会が存在する。同様に，高校以降では個人の発達に合わせ，さらに高度で複雑な能力獲得が期待される。

自己理解・自己管理能力（対自己基礎力）とは，具体的には，「思考」・「感情」・「行動」のセルフマネジメントをさしている。前向きな思考や自分で自分を動機づけることができる力，怒りを覚えたときにそれを自覚し，自分で制御するアンガーマネジメント，自身のストレスに影響するストレッサーを自覚し，ストレスとじょうずに付き合うストレスマネジメント，その他，独自性の理解，計画的で主体的に行動することが含まれる。

課題対応能力（対課題基礎力）は，課題を見つけ，計画を立て，解決に向けた行動を起こすことが含まれる。この能力は，アメリカでは数学や科学との関連性が指摘され，教科学習を通じて獲得できるスキルの一つと考えられている。

キャリアプランニング能力は，他の3つの基礎力とは異なり，獲得のためには日常的な経験だけでなく，新たな知識の獲得が求められる。小学校段階から少しずつ自らの役割を果たしながら，自身の社会における「働き」や貢献を考える時間を設けるなど，意図された学習機会を設けることが必要だ。

4. 労働市場の変化

これまでに確認してきたように，2000年代に入り，学校から社会への円滑な移行を目指した教育施策の導入が活発化している。このような動きの背景に

は労働市場の大きな変化が影響している。ここでは主に，労働市場へのエントリーの問題として新卒一括採用の現状を取り上げ，そのうえで，職場にみられる多様な人材の活用について，①就業形態，②性別，③年齢の観点から確認する。

大学時代の一定期間に就職活動が行われる，新卒一括採用は，日本特有の採用慣行である。新卒一括採用は，企業にとっては定まった採用期間の中で採用活動ができるというメリットがある一方で，既卒者が不利になる，海外に留学した者や外国人を採用する場合にスケジュールがあわないというデメリットも存在する。1990年代後半には，就職協定の廃止によって，就職活動の時期が分散化しはじめた。秋採用や通年採用が実施されるようになり，企業は，個人がいつでも応募でき，いつでも入社できる環境を整えようとした。しかし，2000年代に入り，日本経団連が定めている「新規学卒者の採用・選考に関する倫理憲章」に就職活動開始時期を規定する内容が謳われたことを契機に，就職活動時期は再び一時期に集中するようになった。　　　　　　　　　　　　　　　　　秋採用
　　　　　　　　　　　　　　　　　　　　　　　　　　　　　　通年採用

そして，入社後の就業形態に着目すると，就業者に占める正社員比率は，ここ数年で大きく変化している。就業基本調査（2012）によると，「非正規の職員・従業員」として初職に就いた者の割合は年を追うごとに上昇しており，1980年代後半から1990年代初期に初職についた人のうち非正規就業だった人は13.4％だったが，2007〜2012年では39.8％であった。非正規雇用者の中には，　　非正規雇用者
パート・アルバイト・派遣社員・契約社員・嘱託などが含まれており，若年者は，以前に比べて多様な就業形態で，職に就いていることがわかる。

次に，女性の就業比率の観点から職場の多様性を確認してみよう。1986年に「男女雇用機会均等法」が施行され，その後1997年と2006年には性別を理　　男女雇用機会均等
由に就業差別を禁ずる項目が追加・明確化され，女性の就業を後押しした。ま　　法
た，1999年6月に公布された「男女共同参画社会基本法」では，男女共同参　　男女共同参画社会
画社会について，「男女が，社会の対等な構成員として，自らの意思によって社会のあらゆる分野における活動に参画する機会が確保され，もって男女が均等に政治的，経済的，社会的及び文化的利益を享受することができ，かつ，共に責任を担うべき社会」と定義している。このように，法整備がすすんだことにより，女性も職務や勤務地，労働時間の制限なく，働くようになった。しか

し,「労働力調査」(2015年平均)によると,日本における管理的職業従事者に占める女性の割合は12.5％であり,諸外国と比べて未だ,低い水準となっており,今後の改善が期待されている。本基本法は,これまで社会的に期待されてきた,「男性は働き,女性は家を守る」といった固定化された性役割に対する認識を改めることを求めている。

> **性役割**

職場の多様性を示す第三の観点として,年齢を取り上げる。就業者の年齢構成比は,1995年には15〜44歳が53.5％,45歳以上は46.4％だった。少子高齢化が加速する中,2015年には15〜44歳は49.0％,45歳以上は51.0％となった。加えて,2013年4月より,定年年齢が65歳に引き上げられたことを考慮すると,今後も就業者の高齢化は進むだろう。

> **少子高齢化**

職業安定法や雇用対策法では,個人が性別や年齢といった属性によって職場で差別されることを禁じてきている。職場では,ワーキングマザーや高齢者,外国人が増加するなど,多様な働き方や価値観が存在するため,働く人すべてが自分とは異なる価値観を受容しあう,多元的価値観が求められている。そして,企業は,人種や年齢,性的志向,文化的背景などを含む多様な価値観をベースに,新たな企業価値の創造を推進している。

> **職業安定法**
> **雇用対策法**
>
> **多元的価値観**

5. 社会人の学習

キャリア発達とは,社会の中で自分の役割を果たしながら,自分らしい在り方を実現していくプロセスであり,生涯にわたって続くものである。人のライフ・ロール(人が人生においてそれぞれの時期で果たす複数の役割の組み合わせ)の中には,生産者(worker)や市民(citizen)としての役割があるように,生涯を通じて行なう生涯学習者(Lifelong learner)としての一面もある。特に,社会人になってからの学習は,技術革新が進み,変化の激しい社会になっている中でこれまで以上に求められている。つまり,社会人は学校において学んだ知識やスキルだけでは対応できないような新たな問題・複雑で高度な問題に直面することが多く,それらを解決するために,社会に出てからも常に学び続けることが求められているのである。また,社会人は仕事に必要な知識やスキルを学ぶだけではなく,仕事で経験した出来事を一般化して次に役立つ知恵・教

> **ライフ・ロール**
>
> **生涯学習者**

訓として役立てる学び，「経験学習」による学びが求められている。　　　　　　　　　　　　　　経験学習

　矢野（2009）の「学び習慣仮説」といわれる研究では，①学んでいる社会人・　　　　　　　　　学び習慣仮説
読書している社会人は，大学時代にすでに学習し，読書する習慣を獲得してい
ること，②大学時代に獲得した学習習慣によって，社会人になってからの所得
に差が生じていることが明らかにされている。このように，学校時代に身につ
けた学習習慣は社会人になってからも効果を発揮しているといえる。

　とくに，離職者や学卒後未就業者の学習を国がサポートする仕組みもある。
失業者・無業者は，厚生労働省が用意した職業訓練を無料で受講することがで　　　　　　　　　職業訓練
きる。職業訓練の内容は対象者ごとに分かれており，各プログラムは就職に必
要な技能や知識を習得することを主な目的としている。職業訓練の結果は，個
人の職業能力や訓練履歴を記すことができるジョブ・カードに記入し，その後
の就職活動に使用することができる。

6. 環境変化を前提としたキャリア発達　●●●

　前述したように，キャリア発達とは，社会の中で自分の役割を果たしながら，
自分らしい在り方を実現していくプロセスのことである。したがって幼稚園や
小学校段階から少しずつ社会との接点をもち，社会の中での役割を考える機会
をもつことは，キャリア発達課題を達成するのに有効だと考えられている。職　　　　　　　　　キャリア発達課題
業についての知識・理解およびそれらが人生で果たす意義や役割についての
個々人の認識（職業観）や，働くことに対する個人の価値観（就労観）も発達　　　　　　　　　職業観
段階に応じて少しずつ育まれるものである。　　　　　　　　　　　　　　　　　　　　　　　就労感

　エリクソン（Erikson, 1997）は，乳幼児期から形成されてきた多様な自己が
青年期に社会的役割の獲得を通して統合されるとしている。シャイン（Schein,
1996／金井, 2003）が提唱するキャリア・アンカーとは，自らのキャリアを選　　　　　　　　　キャリア・アンカー
択する際に欠かせない，最も大切な価値観や欲求，能力をさしているが，これ
も多種多様な経験をする中で少しずつ形成されるものである。

　しかしながら1999年の移行答申当時，日本のこれまでの進路指導「進路決
定指導」であったと批判された。「進路決定指導」というのは，個人が進路を
自己決定する前の教育・指導がないままに，進学希望者には学力偏差値に基づ　　　　　　　　　自己決定

く，上級学校への進学を促す進路指導である。また，就職を希望する生徒に対しては，「販売職か事務職か」といった2種類の職種群から決定を促すような就職指導も行われていた。

就職指導

これに対し，キャリア教育は，進路の自己決定にいたるプロセスを支援する教育であるため，たとえば職業体験といった一過性の活動だけを意味するものではなく，事前の学習や事後の追指導を伴う指導計画に沿った一連の学習活動をさしている。キャリア教育では，教員の「児童や生徒のキャリア発達に対する理解」を前提としながら児童生徒本人の興味関心や保有しているスキル，自分が働くうえで何に価値を置くのかといったワークバリューについての自己理解を進路相談などで促したうえで，進路情報の提供を行いながら，生徒の職業的自己実現を促進することが望まれる。

追指導
指導計画
キャリア発達に対する理解

進路相談
進路情報
職業的自己実現

キャリア選択では，個人の働く環境やキャリア観の変化も考慮されなければならない。個人のライフ・ロールも年を重ねるごとに変化し，その変化に適応するためのスキル獲得も必要である。近年こうしたキャリアの変化に着目した，キャリア・カオス理論に対する注目が集まっている。

ライフ・ロール

ハービィ（Heiby, 1995）は，既存のキャリア理論で対応することのできない，予想外の大きな変化の中での個人のキャリアを説明するために，キャリア・カオス理論を用いた。カオス理論では，キャリアは非直線的なもので，外的要因との相互作用によって予測不能な転換が起こるとしている。つまり，個人のキャリアは，予想外の大きな変化の中にある。たとえば，職種のレベルで「やりたい仕事」を決めるなど，「やりたいこと」が詳細であればあるほど，変化への適応は困難になり，「やりたいこと」が満たされないリスクも高まるため，働くことに対する動機づけの低下につながり，職務満足を下げる可能性もある。

キャリア・カオス理論

動機づけ
職務満足

学校段階のキャリア教育で必要なのは，児童生徒個人の「やりたいこと」を職種レベルで決定づけてしまうことではない。大切なのは，個人も労働市場も大きな変化に直面していることを前提に，どのような変化に遭遇したとしても大切に思える，個人の「ワークバリュー」＝「世の中に発揮したい価値」を考える機会をつくることである。自分が「働くこと」を通じて，世の中にどのような価値を提供したいのかを考えることが大切なのであり，仕事はその目的をかなえるための手段であることを忘れてはならない。

ワークバリュー

Column 13　社会人になってから役立つ，学校時代の経験

「学校での勉強は，何の役に立つのだろう？」そう疑問をもったことはないだろうか？　那須（2012）は，学校行事や教科学習には，知識を学ぶことにより再現性が高まる「知識的学習」だけでなく，経験を通じて学ぶ「経験的学習」の2つの要素が含まれていると指摘している。

辰巳（2015）は高校時代の経験を，教科・文化祭や体育祭などの学校行事・部活動・アルバイトに分け，それらの経験を通じて学習したことを高卒就職後5年目までの者にたずねた。その結果，教科学習に積極的に取り組んだ場合，取り組んでない場合に比して，「自分に自信がついた」者は2倍を超えた。「協調性やチームワーク」の獲得に影響しているのは，「部活動」「学校行事」であり，アルバイト経験では「突発的な出来事に対処できるようになった」という経験学習が確認された。

また，とくに教科学習に着目すると，部活動経験がある場合，教科学習経験を通じて「自信」や「継続性」を学習する者が多い。さらに，高校の進路傾向別に経験学習を確認したところ，卒業後すぐに就職する者が多い高校では，アルバイト経験が「継続性」を促進していることが示されている。

私たちは「キャリア教育」というと，社会人講師による講話や職場体験活動といった特別な時間が確保された，イベント的な活動をイメージしがちである。しかし，キャリアプランニングのように，方法を知らなければできない事柄を除いて，基礎力をはじめとする能力の獲得機会は，日常の学校生活に埋め込まれている。学校から社会への移行に際し，学内にすでにある活動を基礎力獲得の機会にしていくことが，望ましいキャリア教育の在り様であると思われる。

◐表　学習に応じた活動の寄与

学習	活動の寄与の順	分析結果
協調性	学校行事＞部活動＞アルバイト	学校行事に積極的に参加した人は，そうでない人に比べ，協調性の学習は約5.2倍高まる。
精神力	部活動＞教科＞アルバイト	部活動に積極的に参加した人はそうでない人に比べ，精神力の学習は約2.3倍高まる。
達成感	学校行事	学校行事に積極的に参加した人はそうでない人に比べ，達成感の学習は約7.1倍高まる。
人間関係	アルバイト＞部活動＞学校行事	アルバイト経験のある人はそうでない人に比べ，人間関係の学習は約2.3倍高まる。
コミュニケーション	アルバイト＞学校行事	アルバイト経験のある人はそうでない人に比べ，コミュニケーションの学習は，約4.6倍高まる。
継続性	部活動＞アルバイト＞教科＞学校活動	部活動経験のある人はそうでない人に比べ，継続性の学習は約1.7倍高まる。
礼儀	アルバイト＞部活動	アルバイト経験のある人はそうでない人に比べ，礼儀の学習は，約6倍高まる。
失敗からの学習	アルバイト＞学校行事＞部活動	アルバイト経験のある人は，経験のない人に比べ，失敗からの学習は約1.7倍高まる。
集団スキル	学校行事＞部活動＞アルバイト	学校行事に積極的に参加した人はそうでない人に比べ，集団スキルの学習は，約1.9倍高まる。
自信	教科＞学校行事＞部活動＞アルバイト	教科に積極的に参加した人はそうでない人に比べ，自信が約2.3倍高まる。
対処	学校行事＞アルバイト	学校行事に積極的に参加した人はそうでない人に比べ，対処スキルは約2.2倍高まる。

14章
諸外国のキャリア教育

1. アメリカのキャリア教育
2. ドイツのキャリア教育
3. フランスのキャリア教育
4. 他の欧州諸国のキャリア教育

グローバル時代を迎え，激変する社会に通用する人材の育成が求められ，わが国でも少子高齢社会・消費経済社会・知識基盤社会に適した教育基盤の再検討と，多様化・複雑化する未来社会の課題に対応し得る能力育成が，学校教育の課題とされている（白木，2014）。20年前に活況であった職種が，現在もそうであるとは限らず，今後，職種の再編はより急速に進むともいわれている。各国のキャリア教育においても，伝統的職業指導や進路指導が行われているが，それぞれの社会環境や歴史的経緯のもと，特徴的なシステムが構築されている。諸外国の教育政策をわが国にそのまま導入することは非現実的であるが，早期から国際感覚を有しコンピテンシー育成に取り組んできた他国の教育制度や支援の在り方等，教育の国際的潮流から新たな示唆を見いだすことができる。

1. アメリカのキャリア教育

アメリカのキャリア教育

　広大な国土を有するアメリカのキャリア教育においては，各州，地域間での教育内容に格差が生まれることは否めない。教育制度も5-3-4制，4-4-4制，8-4制，6-3-3等と多様である。高校までは義務教育で，高校卒業認定試験の合格をもって卒業となる。学校の形態やシステムも多様で，チャータースクール，プライベートスクール等で特色ある教育が進められている。その後は，大学やコミュニティカレッジ，ジュニアカレッジへ進学する。

　現代の経済低迷に伴う雇用問題，貧困や差別による社会格差等，アメリカが抱える深刻な社会問題の改善策には，今後の社会形成にかかわる教育的課題も重視されている。2009年のアメリカ再生・再投資法の制定とともに学校と産業界の連携が推進されて以後，グローバル人材の育成を目的とした，各州の特色あるキャリア教育の取り組みが展開されてきた。その一つとして，学校現場ではキャリア・パスウェイが取り入れられ，多様な職業分野につながるキャリア関連プログラムが実施されてきた。キャリア・パスウェイは，生徒にとって興味・関心の高い，または将来就きたいと考えている職業に特化して，専門性の高い訓練を通して技術・技能を養成するものである。また，就業に必要なコミュニケーション能力，チームワーク，リーダーシップ等の具体的スキルを習得させ，社会に自立する即戦力の育成を図っている。学校におけるキャリア・

キャリア・パスウェイ

パスウェイの実施においては，農業，工業，医療，サービス業等に特化したカリキュラムが用意され，校内での職業体験学習を可能にする設備が導入されているところもある。一方，地域・社会との連携により，インターンシップ，ジョブシャドウ等を通して，実践的で専門性の高い体験学習が実施されている場合もある。学校と連携する企業は人的，経済的にも人材育成を支援する体制を確立し，最先端の職業と高度な訓練や実習を提供している。その際には，具体的な評価基準を設定し習得状況や到達度を確認するアセスメントを実施している。

> インターンシップ
> ジョブシャドウ

さらに，学校において児童生徒のキャリア発達支援のために重要な役割を担っているのがスクール・カウンセラー（現在のアメリカではガイダンス・カウンセラーと同じポストを務める）である。彼らは各学校に配属され，ガイダンス・カリキュラムに基づく教育活動を行うなかで，児童生徒のキャリア発達情報を管理し，個々の実態とニーズに即した支援に携わる。州によっては，スクール・カウンセラーとキャリア・カウンセラーの業務をそれぞれに独立させ，キャリア関連の支援はキャリア・カウンセラーが専門で担うという場合もある。いずれにせよ，カウンセラーは，国家または州による資格を有する専門職として位置づけられ，専門的知識，技能の質的保障が図られている。また，スクール・カウンセラーは異校種間連携，地域，社会連携を率先して担い，教師の指導的立場やサポート役としてキャリア関連の活動を推進している。

> スクール・カウンセラー
> ガイダンス・カリキュラム
>
> キャリア・カウンセラー

特筆すべき事項として，PLTW（Project Lead The Way）では，科学技術の先進的課題に先行的に取り組めるカリキュラムを提供し，国家をあげての学力向上，資質能力育成を推進している。それらは，グローバル社会をリードし支える人材育成を合理的，効率，速攻的に具現化する国家的施策の一環といえる。アメリカ合衆国全土を対象に教育の質的充実を目指し，国際競争社会に対応すべくキャリア教育の実践が展開されているものと考えられる。

> PLTW

2. ドイツのキャリア教育

> ドイツのキャリア教育

ドイツの教育システムの特色としては，4年間の基礎学校（Grundschule）を終えた子どもは，第5学年からの前期中等教育において，基幹学校

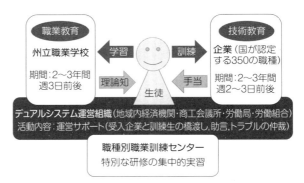

※前期中等教育段階：生徒は所属校で職業教育を受けながら，同時に企業で技術教育を受ける。特殊な技能については職業訓練センターで集中的に学ぶ。

●図14-1　ドイツにおけるデュアルシステム

(Hauptschule)，実科学校（Rerlschule），総合制学校（Gesamtschule 基幹学校と実科学校の統合），ギムナジウム（Gymnasium）のいずれかへの進学先が用意されていることである。しかし，東西統一後の16州のうちベルリン州とブランデンブルグ州では，第7学年からの進学（2010年現在）というように教育課程基準の策定や施行等の行政権について，州に権限が委ねられている。

複線型教育制度　このようにドイツの教育は，複線型教育制度を特色とするが，その中で，基幹学校は，実践的な職能教育を目的として将来職業訓練を経て就職を希望する者が進学する。また，実科学校は，将来，公務員・銀行員を目指す生徒の育成から始まった学校である。しかし，現在は，広く専門職に就くことを目的とする生徒を理論・実践の双方向から教育している。そして，ギムナジウムは，大学への入学資格であるアビトゥア（Abitur）の取得後，大学進学する生徒を教育する。学校教育において，生徒の進路は，概ね教師と保護者の面談により決定されるが，それぞれの子どもの学力が評価や判断の主要因となっている。しかし，近年は進学後に別の校種への転入学を希望する者が増加しており，転入試験の結果，学力が基準に達すれば希望が認められる。また，大学進学希望者の増加から，ギムナジウム以外の総合制学校を卒業してもアビトゥア取得が可能であることから，進路変更に関する柔軟な対応策が講じられている。

ここで特筆すべきは，ドイツの職業教育を代表するデュアルシステム（Dualsystem；図14-1）である。これは，職業学校で専門的知識の理論を学ぶ一方，職業訓練所や企業で実践的技術，技能を身に付ける二元制教育システムである。このシステムは，徒弟訓練制度を端に発し歴史的背景を経て法的に整備され，確立した。現在は，連邦職業教育法の規定に基づき職業訓練を経て，国が認定する訓練職種の1つを習得するのが一般的である。デュアルシステムは，行政機関を始めとする外部諸機関のサポートによって実施されており，前期中等教育段階での職場体験やデュアルシステム参入への準備，相談，キャリアデザインの個別支援等については，学校外の諸機関の専門組織がプログラムを企画運営している。

　このように外部諸機関の支援により実施される職業訓練は，連邦職業教育法に基づく質の保障がなされ，各学校，地域の教育格差の軽減につながっている。また，デュアルシステムを経験する青少年は，全体の70％に及び，若者の職業生活への移行に大きな役割を果たしている。さらに，国内の職業技術，技能の質の保障と存続にかかわる国家的方策とされ，グローバル社会に登場する新職種への組織的対応が国家規模で実現することを意図しているものと考えられる。

　しかし，伝統的に熟練の技術者に支えられてきたデュアルシステムの新たな課題として，近年インフォメーション・テクノロジーの普及に伴い，コンピュータ制御の製造システムの導入が増加し，従来の職業体系や労働環境の急速な変化に伴う諸課題に苦慮する実態がある。東西ドイツの統一後，訓練希望者と受入企業の需給の均衡が困難になり渋滞状況が長引き，年齢を重ねるほど就職が不利になる状況がある。連邦共和国であるドイツは，連邦職業教育法が制度化されながら，各州が教育行政の権限を有するため，資格取得や認定条件を統一し全州の教育格差を縮小することが喫緊の課題とされている。EU内においては，職能レベルの共通認識と調整に向け，ドイツ国内の職業教育法とEU諸国の職業訓練の互換性の整備，他国での職業認定等の対策が急がれている。

　さらに，ドイツでは移民の子どもの職業教育も重要課題とされている。多国籍の移民が増加し，とくに安価な外国人労働力の流入により，ドイツ人の雇用の悪化が懸念されている。学校現場では，ドイツ語が話せない移民の子どもの

デュアルシステム

二元制教育システム

職業訓練

キャリアデザイン

教育や，宗教や価値観の相違によるトラブルは，切実な問題である。そこで，学校外諸機関の支援により保護者と連携し，ドイツ語，職業資格取得，学力向上の支援事業が展開されている。国内では 2000 年の「PISA ショック」（OECD 経済協力開発機構の生徒の学習到達度調査結果が低迷した）以来，教育制度および内容の質的改善と初等教育における言語能力・読解力の向上と生涯教育の視点の導入が勧告され今日に至っている。世界不況の影響下にある現在のドイツは，EU 諸国および国内の産業，経済の低迷に伴い，少子高齢化，失業率上昇，経済・教育格差等，若年層就労問題も深刻化し，若年層の失業率は高いままである。また，昨今は中東からの難民受入に伴い，早期離職，専門科学技術者の不足等，ドイツ国内でも子どもの資質・能力育成は，教育上の大きな課題である。これを受け，青少年の職業生活への移行を社会全体が支援する職業教育システムによる理論と実践の統合と，生涯学習の視点を重視した教育が進められている。

少子高齢化

3. フランスのキャリア教育

　フランスは経済・貿易等で EU の中心的役割を担い，とくに首都パリは，芸術・文化等で世界をリードする国際観光都市として脚光を浴びてきた。しかし，世界金融破綻による経済危機から，EU 諸国では若年層雇用問題，長期化する高失業率等，深刻な経済不況の煽りを受けている。フランスも同様に，国家財政問題，若年層雇用の制度改革への反対運動，増加する移民，300 万人を超える失業者等，人材教育や教育につながる諸問題を抱えている。

　フランスでは「国家は，子どもや成人の教育，文化，職業訓練への平等な機会を保障する。国家の義務の一つである公教育の組織は，すべての段階において，これを無償とし，政権を分離する」と法律に謳われ，国民教育省が，幼稚園から高等学校までの教育制度の運営を管理している。6～16 歳までを義務教育とし，初等教育のエコール，中等教育前期のコレージュ，後期のリセからなる。高等教育機関では，国立大学，私立大学，グランゼコール等があり，EU による欧州統合で，従来の「3・4・8 制」から現在は「3・5・8 制」（学士 3 年，修士 2 年，博士 3 年）の新しい学年制が導入された。高等教育は，中等教育修

了と高等教育入学資格を認定する国家資格「バカロレア」取得者を対象としている。

　従来，フランスの学校では「職業教育の強化」を国家施策の一つとして推進し，職業に直結する職業能力育成と職業資格を取得させることを目指してきた。コレージュにおける職業体験の義務化に伴う職業訓練や後期中等教育にあたる職業リセで実施される交互教育（alternance）は，学校教育と企業実施，職業訓練により構成されている。これらは，社会の即戦力要請に応えるための産学連携により整備された職業システムであり，取得する職業資格は，職業バカロレアにより学歴と職業能力段階に資格レベルが明確に区分され，社会的認知を得られている。つまり，進路選択の内容と，取得可能な職業資格の具体およびレベルに関する明確な情報が，キャリア発達段階の早期に提供されるのである。

職業リセ
交互教育

職業バカロレア

　また，国民教育省が授与する履修証書には，職業教育の詳細な履修レベルが設定され，職業諮問委員会が社会情勢に即した定期的改訂を実施し整備の充実を図っている。一方、地方政府は、職業訓練に関する地域計画および一貫した職業訓練プログラムの策定を担い，行政，民間企業，NPO，保護者主宰の支援機関，PEEP（保護者連合会）等の各種専門機関や支援制度が職業資格訓練の多様なニーズに対応している。とくにONISEP（公的独立機関）の支援システムは，教育学的情報や生徒保護者向け情報提供や具体的サポートにあたり，フランスの教育機関にとって重要な位置にある。その他，コレージュから職業リセに渡る学校教育では，PDMF（職業訓練プログラム）が導入され，職業体験の義務化，職業情報提供の無償化，産学連携の強化により職業教育が円滑に推進されている。

　教育現場には，各学校に進路指導の専門家としてドキュメンタリストと呼ばれるカウンセラーが配置されている。ドキュメンタリストは，心理カウンセラーの国家資格を有し，図書館司書の役割を合わせて担う教員として，生徒理解の深化と進路情報提供を含むカウンセリングにあたる。学校の図書館は，子どもたちの進路情報の収集および相談の窓口となっている。

ドキュメンタリスト

　フランス共和国の伝統的階層社会では，出自や学歴等で所属階層が決まるという歴史的経緯を背景に，現代社会においても移民や地域差による教育格差の緩和が重要な課題である。ヒエラルキーの底辺に位置する家庭から，高等教育

を受ける機会を得ることはきわめて困難であるとされ，現状を打破するため，民間団体や多くの学生ボランティアがそうした子どもの教育支援を行っている。その一方，国際観光都市では，将来グローバル・ステージで活躍する人材の育成が，プライベートスクールの特別な教育を中心に推進されているという階層社会の現実がある。しかし，EUという国際社会に通用する能力育成を推進してきたフランスの教育支援機関と教育システムには，参考にすべき点が多い。

4. 他の欧州諸国のキャリア教育

(1) イングランドのキャリア教育

イングランドでは，2～4歳向けの保育園（nursery school），4～7歳向けの幼稚園（infant school）に併設された保育学級（nursery class）で無償の就学前教育が保障されている。また，義務教育は小学校（primary school）において5歳から始まり，2～3学年をひとまとめにしたキー・ステージ（Key Stage KS1～KS4）の各段階が設けられている。学習内容は「ナショナル・カリキュラム」（National Curriculum）によって定められ，16歳で中等教育修了一般試験（GCSE：General Certificate of Secondary Education）を受け，合格者は義務教育修了が認められる。その中でキャリア教育にかかわるプログラムは広範囲にわたり，キャリア形成のための知識理解，スキル習得，価値観形成のための学習内容や支援が産業界や外部団体との連携により準備される。学校では，「カリキュラムに内包されたキャリア教育」「キャリアライブラリーにおけるキャリア情報提供」「コネクションズ・サービスとの連携によるキャリア・ガイダンス」「職場体験や勤労・職業に関する学習」等が教師とコーディネーターとの連携で推進されている。とくにキャリア・ガイダンスについては，個人・グループ，チュートリアル等のさまざまな方法でガイダンス・カリキュラムを導入し，多様なスタッフによる充実した対応とシステムが整備されている。また，KS3・KS4（11歳～16歳）ではシチズンシップ教育の中にキャリア教育の単元が設置され，職業や社会に対する認識を高め，社会的自立に向けた円滑な移行を図っている。

ガイダンス・カリキュラム

(2) スウェーデンのキャリア教育

　従来，生涯学習に先進的に取り組んできたスウェーデンでは，キャリア教育においても生涯に渡る教育，訓練，職業生活を重視した取り組みが展開されている。キャリア教育の推進には，学校が産業社会と連携することが重要であるとして，公的機関である教育省，学校庁，学校開発庁によって進められている。とくに，初等，中等教育にかかわる教育行政は，地方自治を管轄するコミューン（kommun）と呼ばれる機関が，教育省・教育庁の示すガイドラインに基づき学校の教育実践の監督，指導にあたっている。また，職場体験，インターンシップ等では，労働庁や労働環境庁が学校の支援機関としての役割を担う。スウェーデンでは，すべての学校の授業料は無償で，7～9年間の義務教育が始まる。6歳児は，基礎学校への接続の準備として1年間就学前学級に所属し，基礎学校修了後は，後期中等教育を受ける。そして，初等・中等教育におけるキャリア教育では，「学習と職業のガイダンス」や「職業生活へのオリエンテーション」が，学校の一般的活動として定着しており，職場体験とキャリア・カウンセリングにより成果を上げている。職場体験・インターンシップにあたる教育活動として，基礎学校の高学年全員を対象に実施され，職業体験で現実社会や多様な人々と出会うことを目的としたPRAO（Praktisk Arbeslivsorientering）と，後期中等教育の職業系プログラムを選択する生徒を対象に，専門的・実践的な職業体験を行うAPU（Arbetsplatsforlagda Utbildningen）がある。さらに，キャリア・カウンセリングの質的向上や教員研修の充実に向けたガイドラインの策定やグローバル社会への対応，移民向け進路支援等，教育課題への対応策が講じられている。

(3) フィンランドのキャリア教育

　フィンランドでは，就学前教育機関としてプレスクールが整備され，義務教育では，基礎学校（7歳～16歳）が設置され，小中一貫とすることで異年齢の人間関係形成を重視している。とくに中学校からはいじめや家庭問題等に対応するスクール・カウンセラーとは別に，オピント・オフィヤヤと呼ばれる専任教員を配置している。オピント・オフィヤヤは，進路情報提供をはじめとす

生涯学習

職場体験とキャリア・カウンセリング

る相談活動，ガイダンス，生徒の個人情報の管理，教員の指導等の重要な役割を担っている。

また，フィンランドでは「Education & Vocational Guidance」として初等・中等教育まで職業教育が正規科目とされ，社会との接続を意図した学習内容が重視されている。職場体験・インターンシップは教育課程に位置づけられ，中学校では，職業に関する専門的な学習の事後に，2週間程度の職場体験が必修とされ，職業学校では，在学中20週の職場実習が積極的に実施されている。

フィンランドでは，教育の平等の理念のもと質の高い教育を目指し，教育レベルの地域間格差や不平等を生まないための施策を講じて，子どもたちが自ら学ぶことを積極的に支援し，落ちこぼれを出さない指導体制が確立されている。

本章では，各国の社会情勢を背景に，キャリア教育の理論的枠組みと実践が併行して進められたアメリカと，伝統的徒弟制度に基づき展開された欧州を概観した。両者は，わが国独自のキャリア教育の在り方の検討に参考となる動向といえる。

●表14-1 各国のキャリア教育に関する取組の概要

	キャリア教育プログラム	推進担当者	備考
アメリカ	キャリア・パスウェイ，PLTW	スクール（ガイダンス）カウンセラー	近年はキャリア・カウンセラーも参画
ドイツ	デュアルシステム	職業学校教師	二元的な学習体系
フランス	職業リセ・交互教育	ドキュメンタリスト 心理カウンセラー	
イングランド	キャリアガイダンスカリキュラム	コーディネーター 教師	
スウェーデン	PRAO, APU	進路カウンセラー	
フィンランド	Education & Vocational Guidance	オピント・オフィヤヤ	

Column 14　キャリア教育とグローバル社会

　グローバル社会の進展により，学びにおいては，1960年代から世界的に取り組まれてきた国際バカロレア（IB）機構が示す国際的な教育プログラムが注目されている。3～19歳までを対象に，大学間で多様な地域からの進学を可能とし，国を越えて学び，多様な視点をもって活躍する人材の育成を目指している。

　職業においても，各国内外の社会情勢に影響を受け，14章本文で紹介したドイツ共和国をはじめ，各国内でさまざまなキャリアの熟練を相互に統合できる仕組づくりが進んでいる。欧州の場合は，欧州連合（EU）内の交流がより頻繁になっており，相互の職能段階を統合する必要性から，キャリア形成を整理し，枠組みを共有化する取り組み（European Commission, 2015）と連動させる動きもある。

　「まなぶ」と「はたらく」をつなぐキャリア教育では，道徳的かかわりへと子どもを導くことのできる人との出会いを通して，人間関係力や自らのアイデンティティの形成がなされ，コミュニティ全体での教育が可能となる（林・白木，2010）。それを体系化し，グローバル社会に向けたスタンダードとしてのコンピテンシー育成を産学で推進することの必要性が検討されている（文部科学省，2015）。こうした国内外の視点をもって，わが国の風土や文化に培われた資質・能力育成を国際社会に発信することが，次世代の社会形成に寄与するキャリア教育の新たな姿といえるのではないか。

●表　諸外国の学習成果・職業能力の認証・評価制度

	アメリカ	EU	イングランド	オーストラリア	韓国
制度	National Skill Standard（NSS：全国職業技術スタンダード）	European Qualification Framework（EQF：欧州共通資格枠組み）	Qualification and Credit Framework（QCF：単位資格枠組み）	Australian Qualification Frameworks（全国統一資格基準）	National Competency Standards（国家職務能力標準）
概要	職業技術スタンダードの開発および利用を自主的パートナーシップ（雇用主団体，組合，労働者，政府，従業員団体，教育訓練機関等からなる産業連合）が実施してきたが，現在，同制度を推進する全国スキルスタンダード機構は，ほとんど活動を行っていない。 なお，公的な職業資格や免許の種類や管理体制は州によって異なり，州が定めた枠組みや基準に沿って，各分野の職業団体が資格や免許を取得するための要件を設定。	欧州各国の資格制度を共通の枠組みで関連づける仕組。欧州委員会が策定。 義務教育修了レベルから博士号取得レベルまでの8つの資格参照レベルを設定し，各レベルは「知識」「スキル」「コンピテンス」から構成されている。 EU加盟各国は，それぞれの国内の資格枠組み（NQF）を2012年までにEQFに参照づけることが推奨されている。	一般教育と職業教育，技能資格を結合した総合的資格制度。 産業別技能委員会（SSC）が設定した職業基準に基づき，資格授与機関（AO）が資格構造と評価システム等を構成し，政府機関の資格試験監査機関（Ofqual）の許可を受ける。 従来の「全国資格枠組み（NQF）」に，「ユニット」「単位」という概念を組み込むことで学習量の比較を容易にするとともに，「ユニット」による学習の積み上げを可能にし，資格取得の機会の拡大，流通性の向上などを図る。	中学から大学院まで，職業教育と普通教育の両方を含む共通資格を付与する全国的資格認定制度。業界団体であるISC[*1]が訓練パッケージを策定し，政府機関NVETR[*2]がパッケージを認証する。 [*1] Industry Skills Council [*2] National Vocational Education and Training Regulator	企業が必要とする人材の知識や技術，素養などについて，産業分野別・水準別に体系化したもの。教育訓練課程の開発・運営や資格種目の開発などに用いられる。NCSの開発は，分野別に雇用労働部や政府関連部署，関連企業団体によって行われる。 2011年現在，NCSに基づく各種職業資格に対応する韓国資格枠組みの開発が職業能力開発院によって進められている。

出典：文部科学省　2015　文部科学省「諸外国の生涯学習」，三菱総合研究所「生涯学習施策に関する調査研究」，労働政策研究・研修機構「諸外国における能力評価制度」等より作成

引用・参考文献

1章

中央教育審議会（2011）．今後の学校におけるキャリア教育・職業教育の在り方について（答申）

Gouws, D. J. (1995). The role concept in career development. In D. E. Super & B. Šverko (Eds.), *Life roles, values, and careers*. San Francisco: Jossey-Bass. pp.22-53.

本田由紀（2009）．教育の職業的意義――若者，学校，社会をつなぐ　筑摩書房

国立教育政策研究所生徒指導研究センター（2002）．児童生徒の職業観・勤労観を育む教育の推進について

国立教育政策研究所生徒指導研究センター（2011）．小・中・高等学校における基礎的・汎用的能力の育成のために「学校の特色を生かして実践するキャリア教育」

国立教育政策研究所生徒指導研究センター（2012）．キャリア教育をデザインする「今ある教育活動を活かしたキャリア教育」――小・中・高等学校における年間指導計画作成のために

児美川孝一郎（2013）．キャリア教育のウソ　筑摩書房

厚生労働省（2003）．労働経済白書

厚生労働省（2015）．若者雇用関連データ　http://www.mhlw.go.jp/topics/2010/01/tp0127-2/12.html（2015年8月28日閲覧）

文部科学省（2011a）．小学校キャリア教育の手引き〈改訂版〉　教育出版

文部科学省（2011b）．中学校キャリア教育の手引き　教育出版

文部科学省（2012）．高等学校キャリア教育の手引き　教育出版

日本キャリア教育学会（編）（2008）．キャリア教育概説　東洋館出版社

佐藤浩章（2001）．学習の意味探究を重視した文脈学習（Contextual Learning）理論――デイル・パネル著『なぜこれを学ばなければならないの？』を読んで　公教育システム研究, 1, 173-178.

下村英雄（2009）．キャリア教育の心理学――大人は，子どもと若者に何を伝えたいのか　東海教育研究所

Super, D. E. (1980). A life-span, life-space approach to career development. *Journal of Vocational Behavior*, 16, 282-298.

● Column 1

Frey, C. B., & Osborne, M. A. (2013). The future of employment: How susceptible are jobs to computerization? University of Oxford.　http://www.oxfordmartin.ox.ac.uk/publications/view/1314,（2015年12月24日閲覧）

2章

中央教育審議会（2011）．今後の学校におけるキャリア教育・職業教育の在り方について（答申）

独立行政法人労働政策研究・研修機構（2002）．VPI職業興味検査（第3版）検査手引き　日本文化科学社

Gelatt, H. B. (1962). Decision-making: A conceptual frame of reference for counseling. *Journal of Counseling Psychology*, 9, 240-245.

Holland, J. L. (1973). *Making vocational choices: A theory of careers*. Prentice-Hall. p.14-

18.
国立教育政策研究所生徒指導研究センター（2002）．児童生徒の職業観・勤労観を育む教育の推進について
国立教育政策研究所生徒指導研究センター（2011）．キャリア発達にかかわる諸能力の育成に関する調査研究報告書
Krumboltz, J. D., & Levin, A. S.（2004）. *Luck is no accident: Making the most of happenstance in your life and career.* Impact Pub. 花田光世・大木紀子・宮地夕紀子（訳）（2005）．その幸運は偶然ではないんです！　ダイヤモンド社
文部省（1992）．中学校・高等学校進路指導資料第1分冊　個性を生かす進路指導をめざして──生き方の探求と自己実現への道程
Persons, F.（1909）. *Choosing a vocation.* Houghton Mifflin.
Schein, E. H.（1993）. *Career anchors: Discovering your real values,*（Revised edition）. Pfeiffer & Co.　金井壽宏（訳）（2003）．キャリア・アンカー──自分のほんとうの価値を発見しよう　白桃書房
Super, D. E.（1957）. *The psychology of careers: An introduction to vocational development,* Harper and Brothers. 日本職業指導学会（訳）（1960）．職業生活の心理学──職業経歴と職業的発達　誠信書房
渡辺三枝子（1989）．進路指導の基礎理論──発達理論　仙崎　武・野々村新（編著）　学校進路指導──理論と実践　福村出版
渡部昌平（編著）（2015）．社会構成主義キャリア・カウンセリングの理論と実践──ナラティブ，質的アセスメントの活用　福村出版
吉田辰雄（1988）．進路指導の基礎理論　小竹正美・山口政志・吉田辰男　進路指導の理論と実践　日本文化科学社

3章

中央教育審議会答申（2011）．今後の学校におけるキャリア教育・職業教育の在り方について
藤田晃之（2014）．キャリア教育基礎論　実業之日本社
国立教育政策研究所生徒指導研究センター（2011）．キャリア発達にかかわる諸能力の育成に関する調査研究報告書
国立教育政策研究所生徒指導・進路指導研究センター（2013）．キャリア教育・進路指導に関する総合的実態調査第一次報告書
国立教育政策研究所生徒指導・進路指導研究センター（2014）．平成25年度「職場体験・インターンシップ実施状況等調査結果（概要）」
京免徹雄（2014）．自治活動を通して育まれる人間関係形成・社会形成能力──キャリア教育における社会的・職業的自立を視野に入れて　日本特別活動学会紀要，**22**，7-11．
三村隆男（2006）．キャリア教育と道徳教育で学校を変える！　実業之日本社
三村隆男（2008）．新訂キャリア教育入門　実業之日本社
文部科学省（2011a）．小学校キャリア教育の手引き〈改訂版〉　教育出版
文部科学省（2011b）．中学校キャリア教育の手引き　教育出版
文部科学省（2012）．高等学校キャリア教育の手引き　教育出版
西岡加名恵（2005）．ウィギンズとマクタイによる「逆向き設計」論の意義と課題　カリキュラム研究，**14**，15-29．
Super, D. E.（1957）. The psychology of careers. Harper & Brothers. 日本職業指導協会（訳）（1960）．職業生活の心理学　誠信書房

山口　満・安井一郎（編）（2010）．特別活動と人間形成　学文社
● Column 3
Guichard, J. (2013). *Quel paradigme pour des interventions en orientation contribuant au développement durable d'un monde plus équitable au cours du 21ème siècle ?*. AIOSP conférence en Montpellier.
Danvers, F. (2009). *S'orienter dans la vie : une valeur suprême ? : Essai d'anthropologie de la formation*. Villeneuve d'ascq: Presses Universitaires du Septentrion.

4章

中央教育審議会（2011）．今後の学校におけるキャリア教育・職業教育の在り方について（答申）
中央教育審議会（2012）．新たな未来を築くための大学教育の質的転換に向けて～生涯学び続け，主体的に考える力を育成する大学へ～（答申）
藤田晃之（2014）．キャリア教育基礎論―正しい理解と実践のために　実業之日本社
Hershenson, D. B. (1968). Life-stage vocation development system, *Journal of Counseling Psychology*, 15, 23-30.
井森澄江（2010）．青年期の発達　西村純一・井森澄江（編）　教育心理学エッセンシャルズ第2版　ナカニシヤ書房　pp.87-94.
小林昭文（2015）．アクティブラーニング入門―アクティブラーニングが授業と生徒を変える　産業能率大学出版
小泉令三（編著）（2006）．図説　子どものための適応援助―生徒指導・教育相談・進路指導の基礎　北大路書房
国立教育政策研究所生徒指導研究センター（2009）．「自分に気付き，未来を築くキャリア教育」―小学校におけるキャリア教育推進のために
国立教育政策研究所生徒指導・進路指導研究センター（2013）．キャリア教育・進路指導に関する総合的実態調査第二次報告書（抜粋）
松本浩司（2007）．アメリカのキャリア教育における「文脈的な教授・学習（contextual teaching & learning）」の特質―主に中等教育のアカデミックな教科における学習指導の実践に注目して　カリキュラム研究, 16, 15-28.
文部科学省（2011）．小学校キャリア教育の手引き〈改訂版〉教育出版
内閣府（2010）．若者の意識に関する調査（ひきこもりに関する実態調査）
Parnell, D. (1995). *Why do I have to learn this ?* Waco, TX: Cord.
Super, D. E. (1957). *The psyochology of careers: An intoroduction to vocational development*. New York: Harper & Brothers. 日本職業指導学会（訳）（1960）．職業生活の心理学―職業経歴と職業的発達　誠信書房
寺本之人（2014）．ライフスキルで進めるキャリア教育　風人社
Wehmeyer, M. L. (1999). A functional model of self-determination: Describing development and implementing instruction *Focus on autism and other developmental disabilities*, 14, 53-62.

● Column 4
中央教育審議会（2011）．今後の学校におけるキャリア教育・職業教育の在り方について（答申）
Frey, C. B., & Osborne, M. A. (2013). The Future of employment: How susceptible are jobs to computerization? *Retrieved September*, 7, 1-72.
Perry-Smith, J. E., & Shalley, C. E. (2003). The Social Side of Creativity: A Static and

Dynamic Social Network Perspective. *The Academy of Management Review*, 28, 89-106.

5章

秋田県教育庁（2007）．平成18年度高卒就職者リサーチ事業調査報告結果の概要について
中央教育審議会（2011）．今後の学校におけるキャリア教育・職業教育の在り方について（答申）
勝見健史（2010）．ポートフォリオ　梶田叡一・加藤　明（監修）　改訂実践教育評価事典　文溪堂　pp.234-235.
河合塾（2013）．ガイドライン4・5月号
古川雅文（2008）．キャリア教育における評価　日本キャリア教育学会（編）　キャリア教育概説　東洋館出版社　pp.174-189.
国立教育政策研究所生徒指導研究センター（2011）．キャリア発達に関わる諸能力の育成に関する調査研究報告書
文部科学省（2011a）．小学校キャリア教育の手引き〈改訂版〉　教育出版
文部科学省（2011b）．中学校キャリア教育の手引き　教育出版
文部科学省（2011c）．高等学校キャリア教育の手引き　教育出版
永江誠司（2013）．教育心理学とは　永江誠司（編著）　キーワード教育心理学　北大路書房　pp.1-12.
菅　千索（2010）．質問紙法　梶田叡一・加藤　明（監修）　改訂実践教育評価事典　文溪堂　pp.226-227.

● Column 5

中央教育審議会（2011）．今後の学校におけるキャリア教育・職業教育の在り方について（答申）
安田節之（2011）．プログラム評価―対人・コミュニティ援助の質を高めるために―　新曜社
安田節之・渡辺直登（2008）．プログラム評価研究の方法　新曜社

6章

中央教育審議会（2011）．今後の学校におけるキャリア教育・職業教育の在り方について（答申）
藤田晃之（2014）．キャリア教育基礎論　正しい理解と実践のために　実業之日本社
文部科学省（2011a）．小学校　キャリア教育の手引き〈改訂版〉　教育出版
文部科学省（2011b）．キャリア教育に関わる諸能力の育成に関する調査研究報告書．

7章

中央教育審議会（2011）．今後の学校におけるキャリア教育・職業教育の在り方について（答申）
Blocher, D. H. (1966). *Developmental counseling*. Ronald Press Company.／神保信一・中西信男（訳）（1972）．開発的カウンセリング　国土社
Herr, E. L., & Cramer, S. H. (1988). *Career Guidance and Counseling through the Life Span: Systematic Approaches* (5th ed.). New York: Longman.
アイビィ，A. E.／福原真知子・檜山喜代子・国分久子・楡木満生（訳）（1985）．マイクロカウンセリング―"学ぶ・使う・教える"技法の統合―その理論と実際　福原書店

文部科学省（2004）．キャリア教育の推進に関する総合的調査研究協力者会議報告書―児童生徒一人一人の勤労観・職業観を育てるために
文部科学省（2010）．生徒指導提要
文部科学省（2011）．今後の学校におけるキャリア教育・職業教育の在り方について：中央教育審議会答申　ぎょうせい
室山晴美（2008）．アセスメントツールの活用　日本キャリア教育学会（編）　キャリア教育概説　東洋館出版社　p.159.
Pope, M. (2000). A brief history cf career counseling in the United States. *Career Development Quarterly*, 48, 194-211.
渡辺三枝子（2002）．カウンセリング心理学―カウンセラーの専門性と責任性　ナカニシヤ出版
Zunker, V. (2012). *Career Counseling: A Holistic Approach* (8th ed.). Brooks/Cole.

● Column 7

独立行政法人教育研修センター（2013）．教育課題研修指導者海外派遣プログラム報告書　キャリア教育　アメリカ

8章

中央教育審議会（2011）．今後の学校におけるキャリア教育・職業教育の在り方について（答申）
文部科学省（2008）．小学校学習指導要領解説　生活科編
文部科学省（2008）．小学校学習指導要領解説　家庭科編
文部科学省（2011）．小学校キャリア教育の手引き〈改訂版〉　教育出版
Super, D. E., & Bohn, M. J. (1970). *Occupational psychology.* Monterey, CA: Brooks/Cole. 藤本喜八・大沢武志（訳）（1973）．職業の心理　ダイヤモンド社
田中敏明（2014）．幼稚園・保育所　指導計画作成と実践のためのねらいと内容集　北大路書房

9章

中央教育審議会（1999）．今後の初等中等教育と高等教育の接続の改善について（答申）
中央教育審議会（2008）．幼稚園，小学校，中学校，高等学校及び特別支援学校の学習指導要領等の改善について（答申）（平成20年1月）
国立教育政策研究所生徒指導・進路指導研究センター（2014）．平成25年度「職場体験・インターンシップ実施状況等調査結果」
国立教育政策研究所生徒指導・進路指導研究センター（2013）．キャリア教育・進路指導に関する総合的実態調査第2次報告書

● Column 9

国立教育政策研究所生徒指導・進路指導研究センター（2013）．キャリア教育・進路指導に関する総合的実態調査第2次報告書

10章

濱口桂一郎（2013）．若者と労働　中公新書ラクレ
国立教育政策研究所生徒指導・進路指導研究センター（2013a）．キャリア教育・進路指導に

関する総合的実態調査第一次報告書
国立教育政策研究所生徒指導・進路指導研究センター（2013b）．キャリア教育・進路指導に関する総合的実態調査第二次報告書
今野晴貴（2012）．ブラック企業　日本を食いつぶす妖怪　文芸春秋
厚生労働省（2015）．「非正規雇用」の現状と課題　http://www.mhlw.go.jp/stf/seisakunitsuite/bunya/0000046231.html
文部科学省（2006）．小学校・中学校・高等学校キャリア教育推進の手引——児童生徒一人一人の勤労観、職業観を育てるために
文部科学省（2009a）．高等学校学習指導要領解説　総則編
文部科学省（2009b）．高等学校学習指導要領解説　総合的な学習の時間編
文部科学省（2011）．高等学校キャリア教育の手引き　教育出版
文部科学省（2014a）．平成26年度「学校基本調査」
文部科学省（2014b）．初等中等教育における教育課程の基準等の在り方について　中央教育審議会（諮問）
文部省（1983）．進路指導の手引き　高等学校ホームルーム担任編

● Column 10

北海道教育委員会（2011）．平成22年度「高校生ステップアップ・プログラム」及び「高1クライシス未然防止事業」調査研究報告書　http://www.dokyoi.pref.hokkaido.lg.jp/hk/ssa/h22kou1kura.htm
今西一仁（2008）．生徒サポート部で日常的な校内連携とチーム支援　月刊学校教育相談，1月号　ほんの森出版
文部科学省（2015）．平成26年度「児童生徒の問題行動等生徒指導上の諸問題に関する調査」

11章

藤田晃之（2014）．キャリア教育基礎論——正しい理解と実践のために　実業之日本社
国立大学協会教育・学生委員会（2005）．大学におけるキャリア教育のあり方——キャリア教育科目を中心に　http://www.janu.jp/active/txt6-2/ki0512.pdf
厚生労働省（2015）．平成26年度「大学等卒業者の就職状況調査」
宮下一博（2010）．大学生のキャリア発達——未来に向かって歩む　ナカニシヤ出版
文部科学省（2006）．平成18年度「現代的教育ニーズ取組支援プログラム選定取組の概要及び選定理由」　http://warp.da.ndl.go.jp/info:ndljp/pid/286184/www.mext.go.jp/b_menu/houdou/18/07/06072402/009/001.htm
文部科学省（2007）．平成19年度「現代的教育ニーズ取組支援プログラム選定取組の概要及び選定理由」　http://warp.da.ndl.go.jp/info:ndljp/pid/286184/www.mext.go.jp/b_menu/houdou/19/07/07072005/003/005/001.htm
文部科学省（2010a）．平成21年度「大学教育・学生支援推進事業」就職支援推進プログラムの選定状況について　http://www.mext.go.jp/b_menu/houdou/22/02/1290138.htm
文部科学省（2010b）．平成22年度「大学生の就業力育成支援事業」の選定状況について　http://www.mext.go.jp/a_menu/koutou/kaikaku/shugyou/1296632.htm
文部科学省（2012）．平成24年度「産業界のニーズに対応した教育改善・充実体制整備事業」の選定状況について　http://www.mext.go.jp/a_menu/koutou/kaikaku/sangyou/1325888.htm
文部科学省（2014）．大学等におけるインターンシップの推進　http://www.mext.go.jp/a_menu/koutou/sangaku2/1346604.htm
文部科学省（2015）．平成26年度「産業界のニーズに対応した教育改善・充実体制整備事業【テーマB】インターンシップ等の取組拡大」の選定状況について　http://www.mext.

go.jp/a_menu/koutou/kaikaku/sangyou/1347814.htm
日本学生支援機構（2013）．平成21年度「大学教育・学生支援推進事業」就職支援推進プログラム事例集　日本学生支援機構
小樽商科大学地域研究会（編）（2010）　大学におけるキャリア教育の実践—10年支援プログラムの到達点と課題　ナカニシヤ出版
寺田盛紀（2014）．キャリア教育論—若者のキャリアと職業観の形成　学文社
谷内篤博（2005）．大学生の職業意識とキャリア教育　勁草書房

● Column 11
川喜多喬（2007）．学生へのキャリア支援—期待と危惧と　上西充子（編）　大学のキャリア支援—実践事例と省察　経営書院　pp.193-229.
Lewin, K. (1951). *Field theory in social science*. New York : Harper & Brothers.　猪俣佐登留（訳）(1979)．社会科学における場の理論（増補版）　誠信書房
望月由起（2011）．大学等におけるキャリア教育・就職支援の現状—学校種や設置者による相違に着目して　日本学生支援機構学生生活部学生生活計画課（編）　学生支援の現代的展開—平成22年度学生支援取組状況調査より　大学等における学生支援取組状況調査研究プロジェクトチーム報告書　日本学生支援機構学生生活部学生生活計画課
梅澤　正（2007）．大学におけるキャリア教育のこれから　学文社

12章

Henley-Maxwell, C., & Klingenberg, C. (2004). Preparing students for employment. Wehman, P., Kregel, J. (Eds.), *Functional Curriculum for Elementary, Middle, and Secondary Age Students with Special Needs. 2nd Ed.* PRO-ED, Austin, TX. pp.205-243.
中央教育審議会初等中等教育分科会（2012）．共生社会の形成に向けたインクルーシブ教育システム構築のための特別支援教育の推進（報告）
中央教育審議会（2011）．今後の学校におけるキャリア教育・職業教育の在り方について（答申）
菊地一文（2013）．実践キャリア教育の教科書　学研教育出版
国立特別支援教育総合研究所（2008）．知的障害者の確かな就労を実現するための指導内容・方法に関する研究　研究成果報告書
国立特別支援教育総合研究所（2010）．知的障害教育におけるキャリア教育の在り方に関する研究　研究成果報告書
Marland, S. P. Jr. (1974). *Career Education: A Proposalfor Reform*. McGraw-Hill Book Co., 1221 New York: Avenue of the Americas.
Maslow, A. (1954). *Motivation and Fersonality*. New York: Harper & Row.
文部科学省（2009）．特別支援学校学習指導要領　http://www.mext.go.jp/component/a_menu/education/micro_detail/__icsFiles/afieldfile/2009/09/09/1284518_1.pdf
森脇　勤（2014）．地域協働の中でキャリア発達を促す意味　キャリア発達支援研究会（編）キャリア発達支援研究1　ジアース教育新社　pp.41-47.
Pearpoint, J., O'Brien, J., & Forest, M. (1993). *Path: A workbook for planning positive, possible futures and planning alternative tomorrows with hope for school, organizations, business and families.* Toronto: Inclusion Press.
Super, D. E. (1980). A life-span, life-space approach to career development. *Journal of Vocational Behavior*, **16** (3), 282-298.
渡辺三枝子（1998）．構造化のための概念モデル　職業教育及び進路指導に関する基礎的研究（最終報告）職業教育・進路指導研究会

渡辺三枝子（2007）．キャリアの心理学　ナカニシヤ出版
全国特別支援学校長会（2011）．平成 23 年度「特別支援学校実態調査」
● Column 12
Falvey, M. A., Forest, M., Pearpoint, J., & Rosenberg, R. L. (2003). *ALL my lifes a circle:using thetools:circles, MAPS & PATH (New expanded edition; 2nd ed.)*. Toront: Inclusion Press.
Pearpoint, J., O'Brien, J., & Forest, M. (1993). *Path: A workbook for planning positive, possible futures and planning alternative tomorrows with hope for school, organizations, business and families*. Toronto: Inclusion Press.

13章

Bandura, A. (1977). Self-efficacy: toward a unifying theory of behavioral change. *Psychological review*, **84** (2), 191-215. 本明　寛・野口京子（訳）（1997）．激動社会の中の自己効力　金子書房　pp.1-6.
中央教育審議会（1999）．初等中等教育と高等教育との接続の改善について（答申）
中央教育審議会（2011）．今後の学校におけるキャリア教育・職業教育の在り方について（答申）
Erikson, E. H. (1997). *The Life Cycle Completed*. W.W.NORTON & Co . Inc　村瀬孝雄・近藤邦夫（訳）（2001）．ライフサイクル、その完結（増補版）　みすず書房
Frankl, V. E. (1951). *trotzdem Ja zum Leben sagen: Ein Psychologe erlebt das Konzentrationslager*. 霜山徳爾（訳）（1971）．夜と霧　フランクル著作集　第 1 巻　みすず書房
Heiby, E. M. (1995). Assessment of Behavioral Chaos with a Focus on Transitions in Depression. *Psychological Assessment*, **7** (1), 10-16.
経済同友会（2003）．「若者が自立できる日本へ」〜企業そして学校・家庭・地域に何ができるのか〜　http://www.doyukai.or.jp/policyproposals/articles/2002/030409a.html
経済産業省（2003）．若者自立・挑戦プラン　http://www.meti.go.jp/topic/downloadfiles/e40423bj1.pdf, 2015.8.26
経済産業省（2006）．「社会人基礎力」育成のススメ〜社会人基礎力育成プログラムの普及を目指して　http://www.meti.go.jp/policy/kisoryoku/2006chosa.pdf
国立教育政策研究所生徒指導・進路指導研究センター（2011）．キャリア発達にかかわる諸能力の育成に関する調査研究報告書
厚生労働省（2005）．平成 16 年度「企業が求める人材の能力等に関する調査結果概要」
文部科学省（2003）．平成 15 年度　インターンシップの実施状況（全日制高等学校）http://www.mext.go.jp/a_menu/shotou/career/05010501/004.htm, 2015.8.26
内閣府（1999）．男女共同参画社会基本法　http://www.gender.go.jp/about_danjo/law/kihon/9906kihonhou.html, 2015.8.26
内閣府（2003）．人間力戦略研究会報告書
日本経済団体連合会（2004）．21 世紀を生き抜く次世代育成のための提言—「多様性」「競争」「評価」を基本にさらなる改革の推進を　http://www.keidanren.or.jp/japanese/policy/2004/031/honbun.html#part1, 2015.8.26
Rogers, C. R. (1959). A theory of therapy, personality, and interpersonal relationship as developed in the client-centered framework. In S. Koch (Ed.), *A study of a science. Vol.3*, New York: McGraw-Hill, pp.184-256.
坂柳恒夫・清水和秋（1990）．中学生の進路課題自信度と性役割自己概念との関連　進路指

導研究，11, 18-27.
Schein, E. H. (1996). Career Anchors revisited: Implications for careerdevelopment in the 21th century. *Academy of management Executive*, 10 (4), 80-88.
矢野眞和（2009）．教育と労働と社会—教育効果の視点から（特集　教育と労働）日本労働研究雑誌，51 (7), 5-15.

● Column 13

那須一貴（2012）．プロジェクト・マネジメントの学部教育的意義—社会人基礎力育成に向けたプロジェクト・マネジメント教育の活用〈特集〉プロジェクトマネジメント教育　プロジェクトマネジメント学会誌，14 (2), 21-26.
辰巳哲子（2015）．高卒就職者における高校時代の経験学習に関する探索的研究　人間文化創成科学論叢，17, 153-161

14章

ベネッセ総合教育研究所（2008）．デアリング報告に基づく英国の高等教育改革の進捗状況等及び欧米諸国における教育コーディネーターの活用によるキャリア教育推進事例に関する実態調査報告書　http://berd.benesse.jp/koutou/research/detail1.php?id=3174 （2015年12月20日）
California Community Colleges, California Department of Education (2008). California State Plan For Career Technical Education, WestEd.
独立行政法人教員研修センター（2005）．外国におけるキャリア教育　調査研究報告書
独立行政法人教員研修センター（2010）．教育課題研修指導者海外派遣プログラム報告書　キャリア教育　ドイツ（及び筆者の視察記録より）
独立行政法人教員研修センター（2011）．教育課題研修指導者海外派遣プログラム報告書　キャリア教育　アメリカ
独立行政法人教員研修センター（2011）．教育課題研修指導者海外派遣プログラム報告書　キャリア教育　フランス（及び筆者の視察記録より）
独立行政法人教員研修センター（2013）．教育課題研修指導者海外派遣プログラム報告書　キャリア教育　アメリカ
京免徹雄（2012）．フランスにおけるキャリア教育の方法に関する一考察—『進路』への教育の理念と理論に着目して　郡山女子大学紀要，48.
Ministère l'Education nationale (2010). Files on School Éducation. 国民教育省（2010）．フランスの国民教育および職業教育　学校教育に関するファイル
白幡真紀（2011）．イギリス中等教育段階におけるキャリア教育・ガイダンスの課題　東北大学大学院教育学研究科研究年報，60 (1).
白木みどり（2014）．小中高の連携を視野に入れた進路指導，キャリア教育の在り方　全日本中学校長会中学校，735, 15.

● Column 14

European Commission (2015). Information about courses, work-based learning and qualifications, Learning Opportunities and Qualifications in Europe（2015年12月20日）
林　泰成・白木みどり（2010）．人間としての在り方生き方をどう教えるか（第4章）　教育出版 p.152.
文部科学省（2015）．中央教育審議会生涯学習分科会資料　http://www.mext.go.jp/b_menu/shingi/chukyo/chukyo2/ （2015年12月10日）

索 引

●あ
アイヴィ（Ivey, A. E.） 76
アイヴィ（Ivey, M. B.） 76
アイデンティティ（自我同一性） 23, 73, 128
アウトカム評価 51, 65, 93, 109, 119, 120, 134
アウトプット評価 51, 65, 93, 109, 119, 134
アカウンタビリティ（説明責任） 58
秋採用 155
アクティブ・ラーニング 10, 45, 94, 106, 118
アセスメント 77
アセスメントツールの活用 124
アメリカのキャリア教育 162
アンガーマネジメント 154

●い
生き方の教育 4
生きる力 8, 26, 129, 138
移行（transition） 3, 139
意思決定 139
意思決定理論 21
異年齢集団活動 96
意欲・態度 8
インクルーシブ教育システム 138
インターンシップ 40, 66, 100, 102, 119, 128, 130, 133, 163

●う
ウィリアムソン（Williamson, E. G.） 75

●え
NPO 66
エリクソン（Erickson, E. H.） 23
エンパワーメント 45, 139

●お
オピント・オフィヤヤ 169

●か
ガイダンス・カウンセラー 72
ガイダンス・カリキュラム 168
ガイダンス機能 41
ガイダンスツール 44, 78
開発的カウンセリング 42, 75
カウンセリング 73
カウンセリングマインド 79
学習意欲 91, 107, 119, 127, 130
学習指導案 91
学習指導要領 4, 26
学習指導要領総則 4
学生理解 134
学卒無業者 5
課題対応能力 8, 22, 27, 38, 89, 109, 129, 153
学級活動 95
学校教育法 4, 26, 138
学校支援地域本部 100
家庭科 96
紙キュラム 29
カリキュラム 6
カリキュラム・マネジメント 94
観察法 52

●き
技術・家庭科 106
基礎的・汎用的能力 7, 22, 26, 38, 63, 64, 89, 104, 106, 109, 129, 144, 150, 153
キャリア 2
キャリア・アンカー 21, 157
キャリア・ガイダンス 76
キャリア・カウンセラー 163
キャリア・カウンセリング 40, 72, 108, 119, 132, 146
キャリア・カオス理論 158
キャリア教育コーディネーター 67

キャリア教育推進委員会　91
キャリア教育担当者　63, 77, 91, 110, 116
キャリア教育の計画　27
キャリア教育の効用　10
キャリア教育の手引き　27, 89, 95
キャリア教育の内容　6
キャリア教育の評価　50, 119, 122
キャリア教育の方法的特色　9
キャリア形成　6, 126, 128, 146, 151
キャリア形成支援　152
キャリア構成理論　22
キャリア・コンサルタント　151
キャリア・スタート・ウィーク　100
キャリアセンター　133
キャリアデザイン　133, 165
キャリアノート　111
キャリアの多義性　60
キャリア・パスウェイ　162
キャリアパターン　32, 79
キャリア発達　2, 60, 63, 78, 95, 114, 141, 146
キャリア発達課題　114, 157
キャリア発達支援　138, 146
キャリア発達段階　100
キャリア発達理論　17
キャリアプランニング能力　8, 22, 27, 38, 89, 109, 129, 153
キャリアプランニング・マトリックス　141, 144
教育委員会　66
教育課程　10, 26, 63, 64, 132, 141
教育基本法　4
教育資源　6, 67
教育推進委員会　61
教育の職業的意義　9
教科指導　104
共感的理解　74
共生社会　138, 140, 147
ギンズバーグ（Ginzberg, E.）　17
勤労観　14, 40, 89

勤労観・職業観　8, 104, 114
勤労体験　32

●く
空想期　88
クライエント中心的カウンセリング　74
クランボルツ（Krumboltz, J. D.）　21
グローバル化　107, 114, 127
グローバル化社会　6

●け
計画された偶発性理論　21
経験学習　157
経済性　14
形成的評価　51
啓発的経験　40, 152
検査法　53
現代的教育ニーズ取組支援プログラム　131

●こ
効果測定　53
交互教育　167
行動（論的）カウンセリング　75
光背効果（ハロー効果）　53
国立教育政策研究所　64
個人性　14
個別の教育支援計画　148
個別の支援計画　139
個別の指導計画　148
コミュニケーション能力　3, 27, 57, 106, 117, 127, 150
コミュニティースクール（学校運営協議会）　100
雇用対策法　156
コンピテンシー　144, 151

●さ
作業学習　144
作業検査法　54

サビカス（Savickas, M. L.）　22
産学協働　132
産学連携体制　132
産業界との連携　133
三者面談　108

●し
ジェラット（Gelatt, H. B.）　21
自我形成　114, 128
時間的展望　115, 135
時間見本法　52
自己概念　18, 38
自己管理能力　95
自己決定　45, 95, 108, 157
自己肯定感　42, 95, 108, 124, 140, 145, 151
自己効力感　10, 43, 96, 151, 152
自己実現　3, 46, 95, 114, 152
事後指導　31, 43, 95, 119, 146
自己指導能力　115
自己有用感　10, 31, 39, 96, 124, 140, 145
自己理解　40, 44, 96, 108
自己理解・自己管理能力　8, 22, 38, 89, 109, 117, 129, 130, 153
事前指導　31, 43, 95, 119, 146
自尊感情　145
質問紙法　44
指導計画　91, 117, 158
児童生徒理解　44, 93
児童や生徒のキャリア発達に対する理解　158
市民性教育　35
シャイン（Schein, E. H.）　21
社会科　95
社会参画意識　108
社会・職業への移行準備　118
社会人基礎力　129
社会性　14
社会的・職業　26
社会的・職業的自立　2, 7, 26, 73, 127, 144

若年無業者　150, 151
就職支援推進プログラム　131
就職指導　4, 126, 158
就職氷河期　4, 126
終身雇用制度　6
就労観　126
受容的態度　74
小1プロブレム　124
生涯学習　169
生涯学習者　156
障害者の権利に関する条約　138
小学校におけるキャリア教育　88
少子高齢化　38, 107, 114, 127, 156, 166
情報化社会　6
職業意識　130
職業価値観　33
職業・家庭科　144
職業観　14, 40, 89, 118, 126, 150, 157
職業教育　9, 145
職業興味検査　44, 54
職業指導　3, 127
職業選択　130
職業選択理論　15
職業体験　126, 158
職業的自己実現　3, 115, 158
職業適性　130
職業適性検査　54
職業的成熟　18
職業的発達課題　18
職業的発達理論　18
職業の3要素　14, 80
職業バカロレア　167
職業リセ　167
職場見学　96
職場体験　40, 66, 144
職場体験学習　31
職場体験活動　9, 93, 100
職場体験とキャリア・カウンセリング　169
職務満足　158

ジョブカフェ　151
ジョブシャドウ　163
自立活動　141
進学指導　4
人生上の諸リスクへの対応　108, 121
人生役割（ライフ・ロール）　2, 18, 140, 158
診断的評価　51
心理社会的危機　80
進路指導　3
進路指導主事　110, 116
進路指導とキャリア教育　116
進路情報　40, 93, 158
進路選択　33, 106
進路相談　40, 80, 93, 108, 119, 158
進路適性検査　54
進路未決定　5

●す
スーパー（Super, D. E.）　2, 18, 32, 38, 76, 88, 140
スクール・カウンセラー　73, 163
ストレス　81
ストレスコーピング　81
ストレスマネジメント　8, 81, 124, 130, 154
ストレッサー　81, 154

●せ
生活科　41, 95
生活単元学習　144
正規雇用労働者　121
生徒指導　104
生徒理解　120
性役割　156
全体計画　7, 28, 63, 64, 91, 123

●そ
総括的評価　51
早期退職　5

早期離職者　150
総合的な学習の時間　30, 41, 64, 95, 102, 118
想像力，論理的思考力　8
ソーシャルワーカー　81

●た
体験学習　107
体験活動　6, 95
態度　2
第2期教育振興基本計画　66
多元的価値観　156
辰巳哲子　159
男女共同参画社会　155
男女雇用機会均等法　155

●ち
地域キャリア教育支援協議会　66
地域協働活動　140, 145
地域との連携　132
チームで働く力　3
近い目標　107
知識基盤社会　91, 114, 127, 150
中1ギャップ　124
中央教育審議会　60
中途退学　5, 124
調査法　53

●つ
追指導　40, 111, 121, 158
通年採用　155

●て
定性的評価　120
TIMSS　39
定量的評価　120
適性　15
出口指導　4, 27, 116
テストバッテリー　45
デュアルシステム　126, 145, 165

●と
投影法　54
動機づけ　158
道徳教育　32
遠い目標　107
ドキュメンタリスト　167
特性因子論　15
特性因子論的カウンセリング　74
特別活動　31, 41, 95, 102
特別支援学校学習指導要領　139
特別支援教育　138
特別の教育課程　139, 141
トライやる・ウィーク　69, 100

●に
ニート　5
二元制教育システム　165
日本版デュアルシステム　151
人間関係形成・社会形成能力　7, 22, 26, 38, 89, 109, 117, 129, 153

●ね
年間指導計画　7, 29, 64, 91, 123

●の
農業安定法　156
能力　2

●は
ハー（Herr, E. L.）　76
ハーシェンソン（Hershenson, D. B.）　38
パーソナリティ　16
パーソンズ（Persons, F.）　15, 74
ハヴィガースト（Havighurst, R. J.）　17
PATH　144, 146, 148
発達課題　3
発達課題（職業的発達課題）　17
発達段階　3, 100
場面見本法　52
ハローワーク　151

●ひ
ビアーズ（Beers, C. W.）　74
PLTW（Project Lead The Way）　163
PDCA　7
PDCAサイクル　27, 50, 65, 134
ひきこもりなど　80
PISA　39
PISA型学力　30, 57
非正規雇用　5, 106, 121
非正規雇用者　150, 155
ビネー（Binet, A.）　74
評価　50, 145

●ふ
フォロワーシップ　32
部活指導　104
複線型教育制度　164
フランクル（Frankl, V. E.）　152
ブランド・ハプンスタンス理論　21
フリーター　5, 150
ぷれジョブ　147
フロイト（Freud, S.）　23
プログラム　6
文脈学習　9, 45, 104

●ほ
ボーディン（Bordin, E. S.）　74
ポートフォリオ　54, 111, 146
補償教育（リメディアル教育）　127
ホランド（Holland, J. L.）　16

●ま
マーランド（Marland, S. P. Jr.）　141
マイクロカウンセリング　76
マズロー（Maslow, A.）　140
マッチング理論　15
学び習慣仮説　157

●め
目指す子ども像　28, 93, 106

面接法　53

●も
目標の注入　10
モラトリアム　80, 128

●や
役割　2, 145, 146

●よ
幼稚園でのキャリア教育　88
予防的・開発的支援　124
4領域8能力　144

●ら
来談者中心療法　74
ライフキャリア　88, 135, 140, 146

ライフ・キャリア・レインボー　2, 18, 81, 140
ライフ・スキル　42

●り
リーダーシップ　8, 32

●れ
レヴィン（Lewin, K.）　135

●ろ
労働法教育　121
ロジャーズ（Rogers, C. R.）　74, 152

●わ
ワークキャリア　88
若者自立・挑戦プラン　5, 126

●執筆者一覧 （執筆順）

古川雅文（こがわ・まさふみ）	編著者	1章
小泉令三（こいずみ・れいぞう）	編著者	2章
京免徹雄（きょうめん・てつお）	愛知教育大学学校教育講座	3章
迫田裕子（さこだ・ゆうこ）	東亜大学人間科学部	4章
山田洋平（やまだ・ようへい）	梅光学院大学子ども学部	5章
鎌田雅史（かまだ・まさふみ）	就実短期大学幼児教育学科	6章
西山久子（にしやま・ひさこ）	編著者	7章
脇田哲郎（わきた・てつろう）	福岡教育大学教職実践講座	8章
長田　徹（おさだ・とおる）	文部科学省初等中等教育局・国立教育政策研究所生徒指導・進路指導研究センター	9章
今西一仁（いまにし・かずひと）	高知県四万十高等学校	10章
望月由起（もちづき・ゆき）	昭和女子大学総合教育センター	11章
菊地一文（きくち・かずふみ）	青森県教育庁学校教育課特別支援教育推進室	12章
辰巳哲子（たつみ・さとこ）	リクルートワークス研究所	13章
白木みどり（しらき・みどり）	金沢工業大学基礎教育部教育課程	14章

● 編著者紹介

小泉令三（こいずみ・れいぞう）
1955年　福岡県に生まれる
1987年　広島大学大学院教育学研究科博士課程前期修了
現　在　福岡教育大学大学院教授（博士（心理学））
主著・論文　図説子どものための適応援助―生徒指導・教育相談・進路指導の基礎―（編著）
　　　　　　北大路書房　2006年
　　　　　　よくわかる生徒指導・キャリア教育（編著）　ミネルヴァ書房　2010年
　　　　　　子どもの人間関係能力を育てるSEL-8S　1　社会性と情動の学習（SEL-8S）の
　　　　　　導入と実践　ミネルヴァ書房　2011年
　　　　　　心理学研究の新世紀3　教育・発達心理学（共著）　ミネルヴァ書房　2012年
　　　　　　本当のかしこさとは何か―感情知性（EI）を育む心理学―（共著）　誠信書房
　　　　　　2015年

古川雅文（こがわ・まさふみ）
1953年　広島県に生まれる
1982年　広島大学大学院教育学研究科博士課程後期単位取得満期退学
現　在　兵庫教育大学大学院教授
主著・論文　人生移行の発達心理学（共著）　北大路書房　1992年
　　　　　　講座　生涯発達心理学　第3巻（共著）　金子書房　1995年
　　　　　　新しい実践を創造する学校カウンセリング入門　東洋館出版社　2007年
　　　　　　キャリア教育概説（共編著）　東洋館出版社　2008年
　　　　　　DVDで見る教育相談の実際（共著）　東洋館出版社　2009年

西山久子（にしやま・ひさこ）
1965年　岡山県に生まれる
2012年　兵庫教育大学大学院連合学校教育学研究科博士課程修了
現　在　福岡教育大学大学院教授（博士（学校教育学））
主著・論文　わが国の最近1年間における教育心理学の研究動向と展望―日本の心理教育的
　　　　　　援助サービスとしての学校心理学の実践と，そのシステム構築への貢献につ
　　　　　　いて―　教育心理学年報　第42集，139-147．2003年
　　　　　　学校における教育相談活動の定着に影響を及ぼす諸要因の相互関連性に関する
　　　　　　実証的研究（共著）　教育心理学研究　第57巻，99-110．2009年
　　　　　　よくわかる生徒指導・キャリア教育（共著）　ミネルヴァ書房　2010年
　　　　　　やってみよう！ピア・サポート―ひと目でポイントがわかるピア・サポート実
　　　　　　践集―（共編著）　ほんの森出版　2011年
　　　　　　学校における教育相談の定着をめざして　ナカニシヤ出版　2012年

キーワード キャリア教育
―生涯にわたる生き方教育の理解と実践―

2016年4月10日　初版第1刷印刷	定価はカバーに表示
2016年4月20日　初版第1刷発行	してあります。

編　著　者　　小　泉　令　三
　　　　　　　古　川　雅　文
　　　　　　　西　山　久　子

発　行　所　　㈱北大路書房
　　　　　　〒603-8303　京都市北区紫野十二坊町12-8
　　　　　　　　　電　話（075）431-0361㈹
　　　　　　　　　F A X（075）431-9363
　　　　　　　　　振　替　01050-4-2083

©2016　　　　　　　印刷・製本／モリモト印刷㈱
検印省略　落丁・乱丁本はお取り替えいたします。
ISBN978-4-7628-2936-9　　Printed in Japan

・ JCOPY 〈㈳出版者著作権管理機構 委託出版物〉
本書の無断複写は著作権法上での例外を除き禁じられています。
複写される場合は，そのつど事前に，㈳出版者著作権管理機構
（電話 03-3513-6969, FAX 03-3513-6979, e-mail: info@jcopy.or.jp）
の許諾を得てください。